（第一册）

春秋左傳註評測義

电子科技大学出版社

图书在版编目（CIP）数据

春秋左传注评测义：全5册/(明)凌稚隆撰. --
成都：电子科技大学出版社，2017.10
ISBN 978-7-5647-5184-5

Ⅰ.①春… Ⅱ.①凌… Ⅲ.①中国历史－春秋时代－
编年体②《左传》－注释 Ⅳ.①K225.04

中国版本图书馆CIP数据核字(2017)第239343号

春秋左传注评测义（全5册）

（明）凌稚隆 撰

策划编辑 刘 愚 杜 倩
责任编辑 杜 倩

出版发行 电子科技大学出版社
成都市一环路东一段159号电子信息产业大厦九楼 邮编 610051
主 页 www.uestcp.com.cn
服务电话 028-83203399
邮购电话 028-83201495

印 刷 虎彩印艺股份有限公司
成品尺寸 185 mm×260 mm
印 张 137.5
字 数 1150千字
版 次 2017年10月第1版
印 次 2017年10月第1次印刷
书 号 ISBN978-7-5647-5184-5
定 价 3980.00（全5册）

出版説明

現代漢語用『圖書』表示文獻的總稱，這一稱謂可以追溯到古史傳説時代的河圖、洛書。在從古到今的文化史中，圖像始終承擔着重要的文化功能。傳説時代的大禹『鑄鼎象物』，將物怪的形象鑄到鼎上，使『民知神奸』。在《周易》中也有『制器尚象』之説。一般而論，文化生活皆有與之對應的物质層面的表現。在中國古代文獻研究活動中，學者也多注意器物、圖像的研究，如《詩》中的草木、鳥獸，《山海經》中的神靈物怪，《禮儀》中的禮器、行禮方位等，學者多畫爲圖像，與文字互相印證，成爲經學研究中的『圖説』類著述。至宋元以後，庶民文化興起，出版業高度發達，版刻印刷益發普及，在普通文獻中也逐漸出現了圖像資料，其中廣泛地涉及植物、動物、日常的物質生產程序與工具、平民教化等多個方面，其中流傳至今者，是我們瞭解古代文化的重要憑藉，通過這些圖文並茂的文本，讀者可以獲得對古代文化生動而直觀的感知。爲了方便讀者閱讀，我們將古代文獻中有關圖像、版畫、彩色套印本等文獻輯爲叢刊正式出版。

本編選目兼顧文獻學、古代美術、考古、社會史等多個種類，範圍廣泛，版本選擇也兼顧了古代東亞地區漢文化圈的範圍。圖像在古代社會生活中的一大作用爲促進平民教化，即古人所謂的『圖像古昔，以當箴規』，（語出何宴《景福殿賦》）明清以來，民間勸善之書，如《陰騭文》《閨范》等，皆有圖解，其中所宣揚的古代道德意識中的部分條目固然爲我們所不取，甚至應該是批判的對象，但其中多有精美的版畫，除了作爲古代美術史文獻以外，也可由此考見古代一般平民的倫理意識，實爲社會史研究的重要材料。

本編擬目涉及多種類型的文獻，兹輯爲叢刊，然亦以單種別行為主，只有部分社會史性質的文本，因爲篇卷無多，若獨立成册則面臨裝幀等方面的困難，則取同類文本合爲一册。文獻卷首都新編了目録以便檢索，但爲了避免與書中内容大量重複，無謂地增加篇幅，有部分新編目録較原書目録有所簡略，也有部分文本性質特殊，原書中本無卷次目録之類，則約舉其要，新擬條目，其擬議未必全然恰當。所有文獻皆影印，版式色澤，一存古韻。

《春秋左傳注評測義》總目録

七十卷 世系譜 名號異稱便覽 地名配古籍 東坡圖説 總評

（明）淩稚隆 撰 萬曆十六年吴興淩氏刻本

第一册

讀春秋左傳測言　一七三

第二册

第三册

第四册

第五册

第一册目録

左氏傳測義

01

首卷

刻左傳註評測義叙

傳春秋者三家而左氏為最注左氏者自漢胡毋生董仲舒鄭康成賈逵鄭衆而下亡慮數十餘家而晉杜元凱為最蓋左氏羅集國典羽翼聖經旨遠詞文膾炙人口後有作者蔑以加焉元凱湛淫左氏參互羣傳勒成

集解觀其例敘嚴密庶幾不負忠臣之稱嗣後述者紛紛宋林堯叟呂祖謙陳傅良輩更為釋解至近世專門之家續有正傳私攷經世辨疑事義直講等書其辨論攷覈甚詳而人各一書書各一旨或比事而釋煩或屬辭而義簡亡論支離冗屑無當聖經

而探索徒勤即傳意反為殽亂矣余友淩以棟氏篤古耆脩下帷發憤業已校評馬班二史梓行海內播誦秇林頗久頃復潛心左氏搜輯群書閱五載而成注義大都宗元凱之旨而離則傳之總諸家之粹而複則鏟之支分節解脈絡貫通錯名古地並加

配合可謂纖悉無遺菁華畢萃矣又爲之上下今古折衷持衡諸所按次指摘廩然一稟于正經令後之習左氏者不必索諸簡帙之繁參諸義例之變一開卷而二百四十二年之事瞭然如在目中矣籍第令起元凱于地下豈不成曠世一知已哉而或者

謂元凱慨公穀之詭辯噆漢儒之附會參稽斟酌成一家言自晉以前凡深經奥義盡屬包括亦庶幾不刋之典也而以棟欲駕之耶余竊謂夏后殷周盛際之顯王也而周制大備則以其監二代而損益漢通經術至宋始明而考亭氏獨得其統非以其集

諸傳之大成乎以棟生于元凱之後
推衍其學而删潤之復蒐元凱之所
不及見如宋儁
昭代名家之言而釐載之薈而成書
均爲左氏忠臣而功且倍之已豈謂
其遂駕之耶即元凱之自叙亦云其
有疑錯則備論而闕之以竢後賢若

将謂千百年後不可無以棟輩耳然非其中之優游饜飫宜不及此余不敏嘗讀中秘石經祗服先言無能效膏肓之鍼若專精左氏並有成書則毘陵有唐中丞新龍有汪司馬秋湖有許京兆中丞不可作已試以此質之兩公論始定哉

萬曆戊子月正人日夫容閣主人范

應期伯楨父述并書

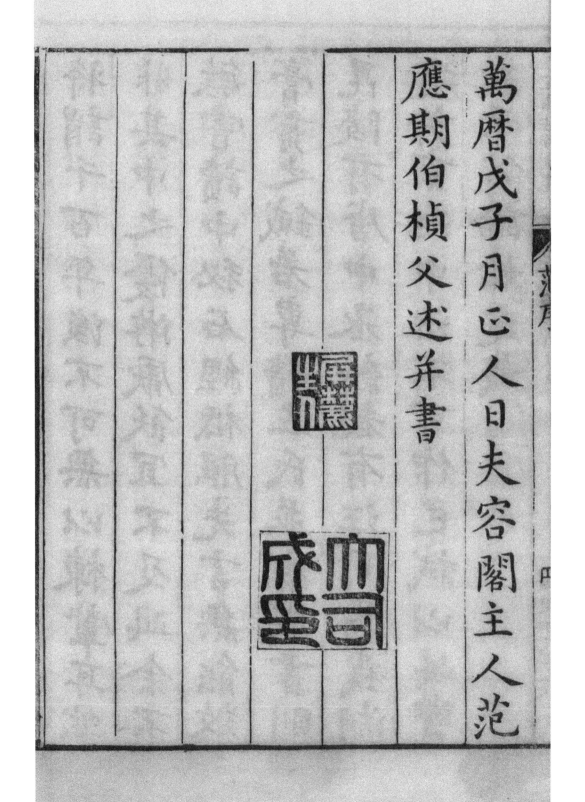

春秋左傳世系譜

周朝

姬姓黄帝苗裔后稷之後武王伐紂而有天下至幽王爲犬戎所殺謂之西周平王東遷洛邑謂之東周

春秋之始也

平王名宜臼幽王子即位四十九年入春秋隱元年也在位五十一年謚法治而無眚曰平

桓王名林平王孫太子洩父子隱四年即位在位二十三年謚法辟土服遠曰桓

莊王名佗桓王子桓十六年即位在位十五年謚法勝敵志強曰莊

僖王名胡齊莊王子莊十三年即位在位五年謚法小心畏忌曰僖

惠王名閬僖王子莊十年即位在位二十五年謚法柔質慈民曰惠

襄王名鄭惠王子僖九年即位在位二十三年謚法辟地有德曰襄

頃王名壬臣襄王子文九年即位在位六年謚法敏以敬慎曰頃

匡王 名班頃王子文十五年即位在
位六年諡法貞心大頃曰匡

定王 名瑜匡王弟宣三年即位在位
二十一年諡法安民大慮曰定

簡王 名夷定王子成六年即位在位
十四年諡法一德不解曰簡

靈王 名泄心簡王子襄二年即位在位
二十七年諡法極知鬼神曰靈

景王 名貴靈王子襄二十九年即位在
位二十五年諡法布義行剛曰景

敬王 名匄景王子王猛母弟昭二十三年即
位在位四十四年諡法夙夜警戒曰敬

魯 見經傳

齊 姜姓侯爵其先四岳佐禹有功遂封于呂
大公股肱周室成王封其子呂伋于齊

僖公 名祿父莊公子九年入春秋在位
三十三年諡法小心畏忌曰僖

襄公 名諸兒僖公長子桓十五年即位
在位十二年諡法辟地有德曰襄

桓公 名小白僖公子襄公庶弟莊九年齊殺无知納桓公在位四十三年諡法辟土服遠曰桓

孝公 名昭桓公庶子僖十八年即位在位十年諡法慈惠愛親曰孝

昭公 名潘桓公庶子弒兄孝公自立僖二十八年即位在位二十年諡法容儀恭美曰昭

懿公 名商人桓公庶子弒兄昭公自立文十五年即位在位四年諡法温柔賢善曰懿

惠公 名元桓公庶子殺懿公自立宣元年即位在位十年諡法柔質慈民曰惠

頃公 名元野惠公子宣十一年即位在位十七年諡法敏以敬慎曰頃

靈公 名環頃公子成十年即位在位二十年諡法亂而不損曰靈

莊公 名光靈公子襄二十年即位在位十五年諡法勝敵志強曰莊

景公 名杵臼莊公異母弟襄二十六年即位在位五十八年諡法由義而濟曰景

安孺子 名荼景公子哀六年即位在位一年弒

悼公 名陽生景公子安孺子兄弒孺子自立哀七年即位在位四年謚法年中早夭曰悼

簡公 名壬悼公子哀十一年即位在位四年謚法一德不懈曰簡

平公 名驁簡公弟哀二十五年即位在位二十五年謚法治而無眚曰平

晉 姬姓侯爵武王子成王封母弟唐叔于唐燮父改唐爲晉至昭侯徙都翼封桓叔于曲沃相襲至武公遂并宗國爲晉侯

翼鄂侯 名郄孝侯子即位二年入春秋在位六年

曲沃莊伯 名鱓桓叔子即位十一年入春秋在位十七年

翼哀侯 名光鄂侯子隱六年即位在位九年謚法恭仁短折曰哀

曲沃武公 名稱莊伯子隱八年即位在位三十八年謚法威彊敵德曰武

翼小子侯 名哀侯子桓四年即位在位四年禮天子未除喪名曰余小子

翼緡侯 名 哀侯弟桓八年即位在位二十七年爲武公滅

獻公 名佹諸武公子莊十年即位在位二十六年謚法博聞多能曰獻

惠公 名夷吾獻公子獻公卒奚齊立弑弟卓子立又弑遂自秦求入僖十年即位在位十四年謚法柔質受諫曰惠

文公 名重耳獻公子惠公兄僖二十四年入晉殺兄子圉二十五年即位在位八年謚法學勤好問曰文

襄公 名驩文公子僖三十三年即位在位七年謚法甲胄有勞曰襄

靈公 名夷皐襄公子文七年即位在位十四年謚法亂而不損曰靈

成公 名黑臀文公子宣三年即位在位七年謚法安民立政曰成

景公 名獳成公子宣十年即位在位十九年謚法布義行剛曰景

厲公 名州蒲景公子成十一年即位在位八年謚法殺戮無辜曰厲

悼公 名周襄公少子捷之孫襄元年即位在位十五年謚法年中早夭曰悼

平公 名彪悼公子襄十六年即位在位二十六年謚法治而無眚曰平

昭公 名夷平公子昭十一年即位在位六年謚法昭德有勞曰昭

頃公 名去疾昭公子昭十七年即位在位十四年謚法敏以敬慎曰頃

定公 名午頃公子昭三十一年即位在位三十七年謚法大慮靜民曰定

出公 名鑿定公子哀二十二年即位在位十七年出奔齊道死

楚 芈姓子爵顓頊之後周成王封熊繹于楚至熊　乃僭號稱王

武王 名熊通霄敖子蚡冒弟即位十九年入春秋在位五十二年謚法夸志多窮曰武

文王 名熊貲武王子莊五年即位在位十五年謚法慈惠愛民曰文

堵敖 名熊囏文王子莊二十五年即位在位三年未成君爲敖

成王 名頵文王子堵敖弟莊二十年即位在位四十六年謚法安民立政曰成

穆王 名商臣成王子文二年即位在位十二年謚法名與實爽曰穆

莊王 名旅穆王子文十四年即位在位二十三年謚法屢征殺伐曰莊

共王 名審莊王子成元年即位在位三十一年謚法記過能改曰共

康王 名昭共王子襄十四年即位在位十五年謚法安樂撫民曰康

郟敖 名熊麇康王子襄二十九年即位在位四年謚法葬于郟故曰郟

靈王 名圍共王子殺兄子郟敖自立改名虔昭二年即位在位十二年謚法亂而不損曰靈

平王 名弃疾改名熊居共王子靈王季弟昭十四年即位在位十二年謚法治而無眚曰平

昭王 名壬改名軫平王子昭二十七年即位在位二十七年謚法昭德有勞曰昭

惠王 名章昭王子哀七年即位在位五十七年謚法柔質慈民曰惠

鄭 姬姓伯爵周厲王少子宣王母弟桓公友所封

莊公 名寤生武公子即位二十二年入春秋在位四十三年謚法勝敵克壯曰莊

昭公 名忽莊公嫡子桓十一年即位三月出奔衛十六年復入在位二年謚法容儀恭美曰昭

厲公 名突莊公庶子桓十二年逐昭自立十五年出奔蔡秋復入居櫟莊十四年弒子儀復位共在位十二年謚法殺戮無辜曰厲

子亹 昭公弟高渠彌弒昭立之桓十八年即位秋齊殺之

子儀 昭公弟莊元年即位在位十四年弒厲公復入

文公 名捷厲公子莊二十二年即位在位四十五年謚法慈惠愛民曰文

穆公 名蘭文公子僖三十三年即位在位二十二年謚法布德執義曰穆

靈公名夷穆公子宣四年即位在位一年諡法亂而不損曰靈

襄公名堅穆公庶子靈公弟宣五年即位在位十八年諡法甲冑有勞曰襄

悼公名費襄公子成五年即位在位二年諡法年中早夭曰悼

成公名倫悼公弟成七年即位在位十四年諡法安民立政曰成

僖公名髡頑成公子襄三年即位在位五年諡法小心畏忌曰僖

簡公名嘉僖公子襄八年即位在位三十六年諡法平易不瑕曰簡

定公名寧簡公子昭十三年即位在位十六年諡法安民大慮曰定

獻公名蠆定公子昭二十九年即位在位十三年諡法博聞多能曰獻

聲公名勝獻公子定十年即位在位三十七年諡法不生其國曰聲

衛姬姓侯爵文王子武王弟康叔所封國

桓公 名完莊公子母戴嬀卽位十三年入春秋在位十六年爲州吁所弑謚法辟土服遠曰桓

宣公 名晋莊公子桓公弟隱五年卽位在位十九年謚法施而不成曰宣

惠公 名朔宣公子桓十三年卽位在位四年奔齊後八年復入共三十一年謚法柔質慈民曰惠

黔牟 宣公子急子母弟桓十七年爲二公子立在位八年惠復入黔牟奔周

懿公 名赤惠公子莊二十五年卽位閔二年爲狄滅在位九年謚法温柔賢善曰懿

文公 名燬急子弟二人曰黔牟曰昭伯昭伯生戴公文公懿公妹戴公立遂卒文公繼立僖元年卽位在位二十五年謚法慈惠愛民曰文

成公 名鄭文公子僖二十六年卽位在位二十五年謚法安民立政曰成

穆公 名速成公子宣十年卽位在位十一年謚法布德執義曰穆

定公 名臧穆公子成三年卽位在位十二年謚法安民大慮曰定

獻公名衎定公子成十五年即位襄十四年奔齊衛立殤公襄二十六年復歸衛共在位三十三年謚法聰明睿哲曰獻

殤公名剽公子黑肩子穆公孫襄十五年即位在位十二年謚法短折不成曰殤

襄公名惡獻公子襄三十年即位在位九年謚法辟地有德曰襄

靈公名元襄公子昭八年即位在位四十二年謚法亂而不損曰靈

出公名輒蒯聵子靈公孫哀三年即位哀十五年父蒯聵入出公奔哀十七年蒯聵弑立公孫般師十二月齊伐衛立公子越哀十八年衛逐越出公復入衛二十五年復奔宋卒於越

莊公名蒯聵靈公子出公輒父哀十六年即位在位二年弑

秦嬴姓伯爵自伯益佐堯舜有功舜乃賜姓封邑至周穆王世造父與秦仲有功遂爲列國

文公名　襄公子即位四十四年入春秋在位五十年謚法慈惠愛民曰文

寧公名文公子隱七年即位在位十二年謚法寧安也

出子名寧公少子桓九年即位在位六年爲三父等弒

武公名寧公長子桓十五年即位在位二十年謚法克定禍亂曰武

德公名寧公中子出子同母兄莊十七年即位在位二年謚法綏柔士民曰德

宣公名德公長子莊十九年即位在位十二年謚法施而不成曰宣

成公名德公中子莊三十一年即位在位四年謚法安民立政曰成

穆公名任好德公少子僖元年即位始見春秋在位二十九年謚法布德執義曰穆

康公名罃穆公子文七年即位在位十二年謚法安樂撫民曰康

共公名稻康公子宣元年即位在位四年謚法執事堅固曰共

桓公名雍共公子宣五年即位在位二十八年謚法辟士服遠曰桓

景公名　桓公子成十五年卽位在位四十年謚法耆意大慮曰景

哀公名　景公子昭六年卽位在位三十六年

惠公名　哀公孫大子夷公子宣十年卽位在位九年謚法柔質慈民曰惠

悼公名　惠公子哀四年卽位在位十四年謚法肆行勞祀曰悼

宋

子姓公爵其先契之後武王伐紂封微子啓爲宋公以繼殷祀

穆公名和宣公弟卽位七年入春秋在位九年謚法布德執義曰穆

殤公名與夷宣公子穆公姪隱四年卽位在位十年謚法短折不成曰殤

莊公名馮穆公子殤公從弟桓三年卽位在位十八年謚法兵甲亟作曰莊

閔公名捷莊公子莊三年卽位在位十年謚法在國逢難曰閔

桓公名御說莊公子閔公弟莊十三年卽位在位三十一年謚法辟土服遠曰桓

襄公 名慈義桓公子僖十年即位在位十四年謚法甲胄有勞曰襄

成公 名王臣襄公子僖二十四年即位在位十七年謚法安民立政曰成

昭公 名杵臼成公少子成公卒弟禦殺世子而自立國人殺禦立昭公文八年即位在位九年
謚法容儀恭美曰昭

文公 名鮑成公子弒兄昭公自立文十七年即位在位二十二年謚法學勤好問曰文

共公 名固文公子成三年即位在位十三年謚法敬事供上曰共

平公 名成共公子成十六年即位在位四十四年謚法治而無眚曰平

元公 名佐平公子昭十一年即位在位十五年謚法能思辨衆曰元

景公 名欒元公子昭二十六年即位在位四十年謚法耆意大慮曰景

陳 嬀姓侯爵舜之後周武王封遏義之子滿於陳賜姓嬀氏號胡公即始封之祖也

桓公 名鮑文公卽位二十三年入春秋在位三十八年謚法辟土服遠曰桓

陳佗 卽五父文公子桓公卒佗弒大子而自立桓六年爲蔡殺無謚

厲公 名躍桓公子大子免長弟桓六年卽位在位七年謚法殺戮無辜曰厲

莊公 名林桓公子大子免中弟桓十三年卽位在位十年謚法武而不遂曰莊

宣公 名杵臼大子免少弟莊六年卽位在位四十五年謚法聖善周聞曰宣

穆公 名款宣公子僖十三年卽位在位十六年謚法中情見貌曰穆

共公 名朔穆公子僖二十九年卽位在位十八年謚法敬事供上曰共

靈公 名平國共公子文十四年卽位在位十五年謚法亂而不損曰靈

成公 名午靈公子宣十一年卽位在位三十一年謚法安民立政曰成

哀公 名溺成公子襄五年卽位在位三十五年謚法恭仁短折曰哀

惠公 名吳偃師子哀公孫昭十三年即位在位二十四年諡法柔質慈民曰惠

懷公 名柳惠公子定五年即位在位四年諡法慈仁短折曰懷

閔公 名越懷公子定九年即位在位二十四年爲楚滅諡法禍亂方作曰閔

蔡 姬姓侯爵武王封弟叔度爲蔡侯叔度作亂見誅其子蔡仲名胡成王復封之於蔡

宣公 名考父即位二十八年入春秋在位三十五年諡法施而不成曰宣

桓侯 名封人宣公子僖九年即位在位位二十年諡法辟土服遠曰桓

哀侯 名獻舞桓侯弟桓十八年即位在位爲楚所獲尋歸之在位二十年諡法蚤孤短折曰哀

穆侯 名肸哀侯子莊二十年即位在位十九年諡法中情見貌曰穆

莊公 名甲午穆侯子僖十五年即位在位三十四年諡法武而不遂曰莊

文公 名申莊公子文十六年即位在位二十年諡法慈惠愛民曰文

景公 名固文公子宣十年即位在位四十九年謚法布義行剛曰景

靈侯 名般景公子弑父襄三十年即位在位十二年昭十一年爲楚所㓕謚法亂而不損曰靈

平侯 名廬靈侯孫隱太子少子昭十三年即位在位八年謚法治而無眚曰平

悼公 名東國隱太子少子平侯弟昭二十年楚逐太子朱立悼公昭二十二年即位在位三年謚法年中早夭曰悼

昭公 名隱太子之子悼公弟昭二十四年即位在位二十年謚法容儀恭美曰昭

成公 名朔昭公子哀五年即位在位十九年謚法安民立政曰成

曹 姬姓伯爵文王子振鐸之後武王封弟振鐸於陶丘

桓公 名終生繆公子即位二十五年入春秋在位五十五年謚法辟土服遠曰桓

莊公 名射姑桓公子桓十一年即位在位三十一年謚法武而不遂曰莊

僖公名赤莊公庶子莊公卒世子羈繼立不能君爲狄所逐立赤莊二十四年即位在位九年謚法小心畏忌曰僖

昭公名班僖公子閔元年即位在位九年謚法昭德有勞曰昭

共公名襄昭公子僖八年即位在位三十五年謚法既過能改曰共

文公名壽共公子文十年即位在位二十三年謚法慈民惠禮曰文

宣公名盧文公子宣十五年即位在位十七年謚法聖善周聞曰宣

成公名負芻宣公庶子弒世子自立成十四年即位在位二十三年謚法安民立政曰成

武公名滕成公子襄十九年即位在位二十七年謚法大志多窮曰武

平公名須武公子昭十五年即位在位四年謚法治而無眚曰平

悼公名午平公子昭十九年即位在位九年謚法恐懼從處曰悼

聲公 名野悼公弟昭二十八年即位在位五年謚法不生其國曰聲

隱公 名通平公弟定元年弑兄自立在位四年爲弟弑謚法隱褱之也

靖公 名露聲公弟弑隱公自立定五年即位在位四年謚法寛柔令終曰靖

伯陽 靖公子定九年即位在位十五年爲宋所滅

吳 姬姓子爵周大王子大伯仲雍之後武王封周章爲吳子至壽夢而僭號稱王始通中國

壽夢 又名乘成六年即位始入春秋在位二十五年

諸樊 又名遏壽夢子襄十三年即位在位十三年

餘祭 又名載壽夢子諸樊弟襄二十六年即位在位十四年弑

夷昧 又名餘昧又句餘壽夢子餘祭弟襄三十年即位在位十七年

王僚 又名州于夷昧子昭十六年即位在位四年弑

闔廬　初名光諸樊子僚從兄昭二十八年即位在位十九年

夫差　光子定十五年即位在位二十三年爲越所滅

邾　曹姓子爵顓頊之後有陸終氏周武王封其苗裔邾俠居邾十二世至儀父始見春秋

邾子克　字儀父莊十六年卒

邾子瑣　克之子莊十七年即位在位十二年

文公　名蒢瑣之子莊二十九年即位在位五十一年

定公　名貜文公子文十四年即位在位四十年

宣公　名牼定公子成十八年即位在位十八年

悼公　名華宣公子襄十八年即位在位十五年

莊公　名穿悼公子昭二年即位在位三十三年

杞 姒姓公爵夏禹之裔武王克殷求禹後得東樓公而封之

武公 名謀娶公子即位二十九年入春秋在位四十七年謚法刑民克服曰武

靖公 名武公子桓九年即位在位二十三年謚法柔德安民曰靖

共公 名靖公子莊十四年即位在位八年謚法敬事供上曰共

惠公 名共公子莊二十二年即位在位十年謚法愛民好與曰惠

成公 名惠公子僖六年即位在位十八年謚法安民立政曰成

桓公 名姑容惠公子成公第僖二十四年即位在位七十年謚法克敬勤民曰桓

孝公 名匄桓公子襄七年即位在位十七年謚法五宗安之曰孝

文公 名益姑桓公子孝公第襄二十四年即位在位十四年謚法慈惠愛民曰文

平公 名郁釐文公第昭七年即位在位十八年謚法治而無眚曰平

悼公 名成平公子昭二十五年即位在位十二年諡法年中早夭曰悼

隱公 名元悼公子即位七月為弟過殺諡法隱安也

僖公 名過弑兄隱公自立定五年即位在位十九年諡法小心畏忌曰僖

閔公 名維僖公子哀九年即位在位十六年諡法在國逢難曰閔

莒 嬴姓子爵少昊之後周武王封茲輿于莒十一世至茲丕公始見春秋自共公後不復見

紀公 名庶其文十八年弑

渠丘公 名季佗文名朱庶其子宣元年即位在位三十二年

黎比公 名密州朱之子成十五年即位在位二十五年弑

著丘公 名去疾黎比公子黎比公卒展輿立羣公子逐去疾昭元年齊納之在位十四年

郊公 名著丘公子在位五年出奔齊在外九年復國

共公 名庚輿著丘公弟郊公奔齊莒人立之昭十五年即位九年奔魯齊納郊公

滕 姬姓侯爵文王叔繡之後自叔繡至宣公十七世始見春秋

宣公 名嬰齊隱八年即位僖十九年爲宋所執

昭公 其即位不可考

文公 名壽昭公子宣十年即位在位十年

成公 名原文公子成十七年即位在位三十年

悼公 名寧成公子昭四年即位在位十五年

頃公 名結悼公子昭三十九年即位在位二十三年

隱公 名虞母頃公子哀五年即位在位七年

薛 任姓侯爵黃帝之苗裔仲虺居薛爲湯左相武王封爲薛侯莊三十一年獻公始入春秋

獻公 名穀即位不可考

襄公 名定獻公子昭三十二年即位在位十三年

薛伯比 襄公子定十三年即位弒

惠公 名夷定十四年即位在位十二年

許 姜姓男爵堯四岳伯夷之國周武王封文叔於許十一世至莊公始見春秋

莊公 名隱十一年奔衛鄭人立其第穆公

穆公 即許叔名新臣莊公第隱十一年鄭伐許莊公奔衛鄭悉有許之土地乃立許叔居許東偏以奉其祀居東偏十五年方復國復國四十二年共五十七年諡法布德執義曰穆

僖公 名業穆公子僖五年即位在位三十三年諡法小心畏忌曰僖

昭公 名錫我僖公子文六年即位在位三十年諡法昭德有勞曰昭

靈公 名甯昭公子成元年即位在位四十四年謚法亂而不損曰靈

悼公 名買靈公子襄二十七年即位在位二十四年弑謚法年中早夭曰悼

許男斯 悼公子世子止弟昭二十年即位在位十九年爲鄭所滅

元公 名成汪氏以爲即斯年表以斯爲元公成在位二十二年謚法始建國都曰元

杞 姜姓侯爵炎帝之後其歷世不可考

越 姒姓夏后氏苗裔少康之庶子封於會稽以奉禹祀濵在南海不與中國通後二十一世定公五年允常始入春秋其子句踐嗣爲越王定十四年也其歷世不可考

邢 姬姓侯爵周公之第四子受封于邢其歷世不可考

虢 姬姓公爵王季子虢仲文王弟也仲與虢叔爲王卿上武王克商封仲於弘農謂之西虢建都今爲陝西寶雞縣爲晉滅封虢叔於滎陽謂之東虢爲鄭滅其歷世不可考

虞 姬姓公爵大王子仲雍之後武王克商求仲雍後得周章以爲吴君别封其弟虞仲於周之北傳十二世爲虞公晉滅之其歷世不可考

雜小國 俱不可考

世系譜終

春秋左傳名號異稱便覽

周朝

一人二三稱者合而録之別之以圈悉依年次其旁引先代者附於末

周桓公隱六周公黒肩桓五○王子克桓十莊王弟子儀年同○鷹國莊十六子國年同○陳嬀莊十八王后惠后年同○石速莊十九膳夫年同○樊仲莊二十樊皮莊二十八樊仲皮莊三十年○周公僖五宰周公僖九周公閱文十四○王世子僖五王大子鄭年同○大叔帶僖七襄王弟王叔帶僖十一叔帶僖二十四大叔年同甘昭公年同○叔興僖十六叔興父僖二十八○王子虎僖二十王叔文公文三○毛伯文元毛伯衛年同○王季子宣十二王

母弟劉康公年同○王札子宣十五王子捷○召伯宣十五

召戴公年同○單子成十六單襄公年同○尹子成十八尹武

公年同○甘過襄三甘簡公弟過昭十二甘悼公年同○王叔

陳生襄五王叔年同王叔氏年同○劉夏襄十五劉定公昭元○

周甘人昭九甘大夫襄年同○原伯昭十二原公年同○劉子

昭十三定公子劉獻公年同劉摯昭十二劉子摯年同○毛得昭十八

毛伯得昭二十六○原伯魯昭十八原伯魯之子昭二十九即伯魯也

○王猛昭二十二景王子王子猛年同悼王年同○召莊公昭二十二

召伯奐昭二十二○劉伯蚠昭二十二獻公子劉蚠年同劉狄昭二十六

劉卷定四劉文公年同○單穆公昭二十二單旗年同單子昭二十六

○賓起昭二十二賓孟同年○樊頃子昭二十二樊齊同年○王子
句昭二十二猛母弟東王同年○王子朝昭二十二景王子西王昭二十三
○召簡公昭二十四召伯盈同年○尹氏固昭二十九尹固同年
旁引文王昌桓六文王僖十九皇祖文王哀二○召康公僖四召
伯定九○圻父襄十六祈招

魯國

聲子隱元公母君氏隱二○仲子隱元桓公母子氏同年夫人子氏
隱二○費伯隱元費庈父隱二○公子益師隱二衆父同年○無
駭隱二司空無駭同年展氏隱八○公子翬隱四羽父同年○公
子彄隱五孝公子臧僖伯同年○臧哀伯桓二僖伯子臧孫達同年

○姜氏桓三桓公夫人夫人姜氏年同文姜桓六○公子慶父莊二

仲慶父莊八慶父莊三十二共仲閔二○夫人姜氏莊二十四莊公夫人

哀姜年同夫人氏僖元○公子友莊二十五莊公母弟季子莊三十二成

季友昭三十二○柳下惠莊三十二展禽年同○臧孫辰莊二十八臧

文仲僖三十二○公子牙莊三十二莊公母弟叔牙年同僖叔年同叔孫

氏年同○鍼巫氏莊三十二鍼季年同○公子魚閔二奚斯年同○

夫人姜氏僖十一僖公夫人聲姜僖十七○公子遂僖二十六莊公子

東門襄仲年同襄仲僖三十一東門遂襄二十三東門氏年同仲文十

八仲遂宣八○公子買僖二十八子叢年同○公孫敖文元慶父子

穆伯年同○叔孫得臣文元叔牙孫莊叔年同○穀文元穆伯子文

伯文十四○夫人風氏文四僖公母成風文五○婦姜文四文公夫人

出姜同年○季文子文六季友孫季孫行父同年○宣伯文十一叔

孫得臣子叔孫僑如成三叔孫宣伯成六僑如成十六叔孫氏襄二

十三○叔彭生文十一叔牙孫叔仲文十八惠伯同年○惠叔文十四文

伯穀難同年○敬嬴文十六宣公母夫人嬴氏同年○仲孫蔑宣九

文伯穀子孟獻子同年○公孫歸父宣十襄仲子子家同年東門氏

宣十八○臧宣叔宣十八文仲子臧孫許成元○公孫嬰齊成八叔肸

子聲伯同年子叔聲伯成十六嬰齊同年子叔嬰叔同年○叔

孫豹成十六僑如弟穆叔襄二叔孫穆子襄七穆子襄十一叔孫襄二

十七○臧武仲成十八文仲孫臧紇襄四臧孫紇襄十三臧孫襄十四

○仲孫閱襄三僖子之子南宮敬叔昭七敬叔同年○季孫宿襄六
行父子季武子同年○聊人紇襄十仲尼父叔梁紇同年聊叔紇
哀十○厚成叔襄十四厚孫同年瘠同年○叔老襄十四聲伯子子叔
齊子同年齊子襄二十○孟孺子速襄十六孟獻子之子孟莊子襄二
十仲孫速同年○悼子襄二十三季武子之子紇同年季悼子昭十二
○公彌襄二十三季武子之子公鉏同年公鉏氏同年○孟椒襄二十三
孟獻子孫惠伯同年子服子服子襄二十八子服惠伯同年子服椒昭三子
服湫昭十三子服氏昭十六○閔子馬襄二十三閔馬父昭二十六
○仲孫羯襄二十八孟莊子速之子孟孝伯襄二十八孝伯同年孟孫同年
○叔仲帶襄三十一叔仲惠伯孫叔仲昭伯襄七叔仲子昭五叔仲

昭子昭四○子叔子昭二叔老子叔弓年同敬子年同○昭子昭四

叔孫豹子叔孫婼昭十叔孫昭子年同叔孫氏昭二十七叔孫昭三十二

○孟丙昭四叔孫豹子孟川○仲壬昭四孟丙弟仲年同○何忌昭七

孟僖子之子孟懿子昭二十五仲孫何忌年同孟孫定元○孟僖子昭七

仲孫貜昭九○季平子昭九悼子之子季孫意如昭十平子昭十二

季氏昭二十六○夫人歸氏昭十一小君齊歸年同○叔仲

小昭十二叔仲帶子叔仲子年同叔仲穆子年同○南蒯昭十二南遺子

南氏昭十三○公子慭昭十二子仲年同○子服回昭十六子服惠

伯子子服昭伯年同○琴張昭二十琴牢年同子開年同○臧昭

伯昭二十五臧孫年同○子家懿伯昭二十五莊公玄孫子家羈年同孟

孫年同子家子年同子家氏定元○季公若昭二十五季公亥年同

○秦遄之妻昭二十五秦姬年同○郈昭伯昭二十五郈孫年同郈

氏年同○公為昭二十五昭公子務人昭二十九公叔務人哀十一○

洩聲昭二十六野洩年同聲子年同○叔輒昭二十一叔弓子伯張年同

子叔年同○叔孫不敢定元叔孫婼子叔孫年同叔孫成子定七成

子年同○榮駕鵝定元榮成伯襄二十九○陽虎定五陽貨年同○

季孫斯定五意如子季桓子年同桓子年同○公山不狃定五子

洩年同○公父歜定五公父文伯年同○苫夷定七苫越定八○

公歛處父定七公歛陽年同○武叔定八不敢子叔孫氏年同叔

孫州仇定十武叔懿子年同子叔孫年同叔孫武叔哀十一州

仇同年○季孫寤定八季桓子弟季寤同年子言同年○孔

丘定十尼父哀十六仲尼同年○公若藐定十叔孫氏族公若同年○

仲由定十一季路同年○叔孫輒定十二叔孫氏族子張哀八○定

娰定十五定公夫人娰氏同年○子貢定十五賜同年端木賜同年○

南孺子哀三季桓子妻南氏同年○肥哀三桓子之子康子同年季康子

哀七○景伯哀七子服景伯同年子服何哀八○孟孺子哀十一孟

懿子之子孟孺子洩哀十四武伯彘哀二十五孟武伯同年孟孫同年

○顏羽哀十一子羽同年○樊遲哀十一須同年○冉求哀十一

冉有哀十二子有同年○孟之側哀十一孟氏族子反同年○公孫

宿哀十四公孫成哀十五○高柴哀十七季羔同年○公孫有

山哀二十四 公孫有山氏哀二十七 公孫有陘氏年同 ○文子哀二

十七叔孫舒年同

旁引魯公文二十周公子 禽父桓十二 伯禽定四

齊國

年隱七 夷仲年年同 齊仲年桓三 ○鮑叔牙莊八 鮑叔莊九 ○管

仲莊八 管夷吾年同 管敬仲閔元 ○齊無知莊八 公孫無知年同

無知仲孫昭四 ○王姬莊十一齊桓夫人 共姬年同 ○高傒莊二十二

惠公族 高子閔二 敬仲襄二十九 ○公子完莊二十二 敬仲年同 ○仲

孫閔元 仲孫湫年同 ○公子無虧閔二桓公子 武孟年同 ○豎貂

僖二 寺人貂年同 ○雍巫僖十七 易牙年同 ○國歸父僖二十九 國

莊子（僖三十三）○子叔姬（文十四齊侯舍之母）叔姬（年同）昭姬（年同）○國
佐（宣十）國子（成十七）國武子（年同）賓媚人（成二）○高宣子（宣十四）
高固（宣十五）○晏桓子（宣十四）晏弱（襄六）○鮑牽（成十七鮑叔牙曾孫）
鮑莊子（年同）○國弱（成十八佐之孫）國景子（襄二十六）國子（年同）○崔
子（襄二二）崔武子（年同）崔杼（襄六）崔氏（襄二十五）○陳無宇（襄六文子之子）
陳桓子（襄二十八）○書（襄十一）孫書（昭十九無宇子）子占（年同）○晏嬰
（襄十七晏弱子）晏子嬰（年同）晏平仲（襄二十三）○析文子（襄十八）子家
（年同）析歸父（襄十八）○陳文子（襄二十三）陳須無（襄二十七）○華還
（襄二十三）華周（年同）○杞殖（襄二十三）杞梁（年同）○棠姜（襄二十五）東郭
姜（年同）○慶封（襄二十五）慶季（襄二十八）子家（年同）慶氏（年同）○北郭

佐襄二十八北郭子車同年子車同年○子之襄二十八慶舍同年封慶
子○慶嗣襄二十八慶封之族子息同年慶虁同年慶繩同年○子雅
襄二十八惠公族公孫竈襄二十九○子尾襄二十八子尾氏同年公孫
蠆襄二十九○高止襄二十九高厚子高子容同年高氏同年○國姜
昭四叔孫豹之妻北婦人同年○公孫明昭四子明同年北婦人之
客同年○公子固昭八頃公子子成同年○子良孺子昭八子良
氏同年高彊昭十子尾子○子工昭八成公弟公子鑄同年○子車
昭八頃公孫公孫捷昭十子淵捷昭二十六○子旗昭八欒施昭十子雅
子○公孫青昭二十頃公孫子石同年○梁丘據昭二十子猶同年
○陳武子昭二十六子彊同年○公子鉏昭二十六南郭且于同年

○陳乞哀四 僖子同年 ○弦施哀四 弦多哀十一 ○闞止哀六 子我同年 ○宗樓哀十一 宗子陽同年 ○大陸子方哀十四 東郭賈同年 ○陳逆哀十四 子行同年 ○陳恒哀十四 陳成子同年 陳常同年 大夫陳子哀二十七 ○陳瓘哀十五 陳恒之兄 子玉同年 ○顏庚哀二十三 顏涿聚哀二十七

旁引 呂伋昭十二 大公望之子 齊丁公襄二十五

晉國

大子申生莊二十八 大子同年 世子申生僖五 共大子僖十 共子昭二十八 ○驪姬莊二十八 姬氏僖四 ○卓子莊二十八 驪姬之娣生卓子 公子卓僖十 ○大戎狐姬莊二十八 文公之母 狐季姬昭十三 ○狐突

閔二文公外祖伯行年同○荀息僖二荀叔僖九○寺人披僖五寺人
勃鞮僖二十五○丕鄭僖十丕鄭父僖十一○瑕呂飴甥僖十五即
呂甥呂甥年同子金年同陰飴甥年同○嬴氏僖二十二懷嬴僖二十三
嬴女年同辰嬴文六○司空季子僖二十三胥臣僖二十八臼季僖三
十三○趙衰僖二十三趙盾之父子餘僖二十四原大夫僖二十五趙成子
文五成季文六孟子餘昭二○狐偃僖二十三狐突之子子犯年同舅氏
僖二十四文公舅○盾僖二十三趙盾文六趙宣子宣二宣孟成八○原
同僖二十四趙同宣十二原叔宣十五○屏括僖二十四季隗生同之第屏邑
屏季宣二趙括宣十二○樓嬰僖二十四括之第樓邑趙嬰齊宣十二
趙嬰成四○頭須僖二十四里鳧須年同○趙姬僖二十四文公女君

姬氏宣二○介推僖二十四介之推同年○魏犨僖二十七畢萬子魏武子僖三十三○欒枝僖二十七欒貞子文五○荀林父僖二十七中行氏之荀伯文七中行桓子宣六桓子始將中軍自此以爲族世稱中行桓子宣十一伯氏宣十五中行伯宣十五自此以後子孫襲將中行者皆稱中行伯○

原軫僖二十八先軫僖三十三○陽處父僖三十二晉處父文二大傅陽子文六○郤缺僖三十三郤芮子冀缺同年郤成子文十三○先且居僖三十三先軫子霍伯文五○狐鞫居文二續簡伯同年續鞫居文六○狐射姑文六狐偃子賈季同年○先蔑文六士伯文七○

士會文六士蔿之孫士季文七隨會文十二范會士貞子宣十二隨武子同年隨季宣十二士伯宣十五季氏宣十六士貞伯成七范

武子成十八初封隨後改封范　士渥濁同年　○胥甲文十二胥臣子　胥甲父

宣九　○詹嘉文十三　瑕嘉成元詹嘉處瑕故曰瑕嘉　○荀首宣十二林父弟趙同

趙嬰無知氏之先與中行同祖自此分稱知氏　知莊子同年　知季同年　○趙朔宣十

二盾之子　趙莊子同年　○先縠宣十二　原縠同年　彘季與士魴同字　彘

子同年　○趙旃宣十二趙穿子　趙傁同年　○欒書宣十二黶之父　欒伯同年

欒武子襄十四　○魏錡宣十二魏犨子　厨武子同年　呂錡成十六　○

鞏朔宣十二　士莊伯成二與士弱同謚　鞏伯同年　○駒伯宣十二　郤

克宣十七　郤子同年　郤獻子同年　郤伯成二　○韓厥宣十二韓萬玄孫

韓獻子同年　○燮宣十七　范文子成二　士燮同年　范叔同年　文子

同年　○申公巫臣成二本楚大夫出奔仕晉　屈巫同年　子靈昭二十八　○解

張成二張侯年同○荀庚成三林父之子中行伯年同襄將中行○荀罃
成三荀首之子知武子成十四知伯成十八○趙莊姬成四晉成公女趙朔
妻姬氏年同孟姬成十七○郤犫成十一郤克從父兄弟苦成叔成十
四苦成年同○郤至成十一溫季成十七季子年同○呂相成十
二魏錡之子魏相成十八○郤錡成十三郤克之子駒伯成十七與克同謚
○郤毅成十三郤至之弟步毅成十六○范匄成十六文子之子士匄
成十七范宣子成十八○荀偃成十六荀庚子中行偃成十七中行
獻子襄九伯游襄十三中行伯襄十四官臣偃襄十八獻子中
行氏襄二十三○欒黶成十七欒書子欒伯襄十四桓主襄二十一欒桓
子襄二十二○弁糾成十八欒糾年同○韓無忌成十八韓厥子公族

穆子襄七○士魴成十八○彘季年同與先縠同字○趙武成十八朔之子
趙文子襄二十五趙孟襄二十七○魏絳襄三魏莊子襄四獻子之父○
羊舌赤襄三叔向之兄伯華年同銅鞮伯華昭五○韓起襄七無忌弟
士匄襄二十六大夫入天子之國則稱士韓宣子年同○士弱襄九渥濁子士
莊子年同士莊伯襄二十五與鞏朔同諡○叔肸襄十一叔向襄十四
羊舌肸昭五羊舌職子○士鞅襄十四士匄子范鞅襄十八范叔襄二十九
范獻子年同○邢伯襄十八邢侯年同屈狐庸襄三十一○欒盈
襄十八欒黶之子欒懷子襄二十一陪臣盈年同欒孺子襄二十二○師
曠襄十八子野昭八工昭九○樂王鮒襄二十一王鮒年同鮒昭元樂
桓子年同○羊舌虎襄二十一叔向之庶弟叔虎年同○魏舒襄二十二

魏絳之子魏獻子年同○知悼子襄二十三荀盈襄二十七知罃之子伯夙

年同知伯襄二十九○荀吳襄二十六荀偃之子中行吳昭五穆子昭十二

中行穆子年同○女齊襄二十六司馬侯年同女叔侯襄二十八叔

侯年同叔齊昭元○士文伯襄三十士弱子伯瑕年同○荀瑤襄二十三

荀躒之子知伯年同豫讓主也知伯襄子年同○少姜昭二晉平公妾少齊

昭三謂之少齊言異衆妾也○張趯昭三孟年同○趙成昭五趙景子昭七

○楊石昭五叔向子食我年同楊食我伯食昭十八○籍談昭五

籍父年同○荀躒昭九荀盈之子知伯昭二十一知躒昭二十六知文子

定十四○士景伯昭十三士文伯子彌牟年同士伯昭二十二諡與士貞子同

士彌牟年同司馬彌牟年同○羊舌鮒昭十三叔向庶弟叔鮒年同

叔魚同年○趙鞅昭二十五趙簡子同年志父哀二先主哀二十○
女寬昭二十六女叔寬定元○蔡史墨昭二十八史墨昭三十二○韓
不信昭三十二韓起孫伯音同年韓簡子定元○范皐夷定十三范氏側
室子士皐夷哀三○荀寅定十三中行荀吳之子中行文子同年中行
寅哀二十一○郵無恤哀二王良同年郵良同年○魏曼多哀十三
魏襄子同年○范吉射哀十鞅五士子士吉射同年范昭子同年○
無恤哀二十趙鞅之子趙孟同年襄子哀二十七○楚隆哀二十陪臣
隆同年
旁引唐叔昭十五始封君唐叔虞桓六叔虞昭元○僖侯桓六司徒同年
○大子仇桓二穆侯大子文侯同年○成師桓二穆侯次子桓叔同年曲

沃伯年同

楚國

鬬廉桓九若敖子鬬射師莊三十○屈瑕桓十一莫敖年同楚官○

息嬀莊十四息侯之妻文夫人莊二十八○鬬穀於菟莊三十鬬伯比子

令尹子文年同○鬬班莊二十八子文之子申公鬬班莊三十鬬般

宣四子揚年同○得臣僖二十成得臣僖二十三子玉年同令尹子

玉僖二十六○叔伯僖二十三蔿呂臣僖二十八○屈禦寇僖二十五息

公子邊年同子邊年同○鬬克僖二十五子儀文十四申公子儀

年同○申公叔侯僖二十六申叔僖二十八○鬬宜申僖二十六宜申

僖二十八子玉之孫司馬子西年同○蔿賈僖二十七孫叔敖父伯嬴宣四○

鬭勃僖二十八子上同年令尹子上僖三十三楚子上同年○大心
得臣之子僖二十八孫伯同年大孫伯僖二十三成大心文五○縈黃僖二
十八縈季同年○成嘉僖三十三大心弟子孔文十四○息公子朱
文三子朱息公同年○仲歸文五子家宣四○公子燮文五王子
燮同年○椒文九子文弟子越宣三鬭椒宣四司馬子良之子子越椒同年
伯棼同年○文之無畏文十子舟同年申舟宣十四○箴尹克
黃宣四子揚之子生同年箴尹鬭生楚王改其名曰生○孫叔敖宣十一蔿
賈之子令尹孫叔敖宣十二孫叔同年蔿艾獵宣十一蔿敖同年
○公子嬰齊宣十一莊王弟左尹子重宣十一令尹子重成二子
重同年先大夫嬰齊昭十○潘尫宣十二師叔同年○潘黨宣十

二潘尫之子 叔黨年同 潘尫之黨成十六 ○ 子反宣十二 側成十六

公子側成十六 司馬側年同 ○ 公子辰成九 子商成十 ○ 右尹

子辛成十六 公子壬夫襄五 令尹子辛年同 ○ 養由基成十六

養叔襄十三 ○ 公子貞襄五莊王子 子囊年同 ○ 司馬子庚襄十

二莊王子 公子午襄十五 ○ 公子追舒襄十五莊王子 子南襄二十一 令

尹子南襄二十二 ○ 薳子馮襄十五 薳子襄二十二 先大夫薳子

襄二十五 ○ 申叔豫襄二十一申叔時之孫 申叔夫子襄二十二 申叔年同

○ 屈建襄二十二 子木襄二十五 ○ 伍舉襄二十六 椒舉年同 ○ 薳罷

襄二十七 子蕩年同 ○ 公子黑肱襄二十七 宮廐尹子晳昭元 子晳

昭十三 ○ 薳掩襄三十子馮之子 大司馬薳掩年同 ○ 申無宇襄二

十芊尹昭七芊尹無宇昭十三○王子比昭元子干同年右尹

子干同年公子比昭十三訾敖同年○伯州犂昭元大宰同年○

右尹子革昭十二鄭丹同年然丹昭十三○觀從昭十三觀起子子

玉同年○成然昭十三韋龜之子郊尹蔓成然同年鬬成然同年令

尹子旗昭十四子旗同年○申亥昭十三無宇子芊宇申亥氏同年

○鬬辛昭十四成然之子鄖公辛定四○陽匄昭十七穆王曾孫令尹

子瑕同年○公子魴昭十七司馬子魚同年○大子建昭十九

王子建昭二十六楚大子建哀十六子木同年○伍奢昭二十子胥父

連尹奢昭二十七○棠君尚昭二十伍尚同年奢子貟之兄○伍貟

昭二十伍奢子子胥同年○囊瓦昭二十三子囊之孫令尹子常昭二十六楚

尾定四子常同年○沈尹戌昭二十三沈鄖戌同年左司馬戌昭二
十司馬定四○郤宛昭二十七子惡同年左尹同年○鬬懷定二鬬辛
之弟懷定五○公子結定四昭王兄子期哀四○王孫由于定四寢
尹哀十八吳由于同年○鍼尹固定四鍼或作箴工尹固哀十八遠
固同年○公子申定四昭王兄令尹子西定四子西哀十六與鬬宜申同
字○葉公定五諸梁同年葉公諸梁同年沈諸梁哀十八沈尹戌子
子高哀十六○公子啓哀六昭王兄子閭同年○子木之子勝
哀十六白勝同年白公同年王孫同年○公孫寬哀十九子期之子司
馬哀十六○公孫朝哀十七子西之子武成尹同年令尹之子同年
○公孫寧哀十八子西子子國同年

鄭國

公子呂隱元子封年同○共叔段隱元京城大叔年同大叔段年同共叔莊十六○祭仲隱元祭足隱三祭仲足桓五祭封人仲足桓十二○曼伯隱五檀伯桓十五○洩駕隱五洩伯隱七○公孫閼隱十一子都年同公子閼莊十六○高渠彌桓五高伯桓十一○世子華僖七大子華年同子華年同○洩堵俞彌僖二十四子俞彌宣十二文公之子○子良宣四穆公之庶子去疾年同公子去疾成三○公子宋宣四子公年同○公子歸生宣四子家年同○公子魚臣宣十二僕叔年同○石制宣十二子服年同○子張宣十四穆公孫公孫黑肱襄二十二伯張年同○大子蠻成二子貉昭二

十八○公子偃成三穆公子　子游成六○公孫申成四　叔申成十○

子國成五穆公子、公子發襄五○公子班成十　子如同年○子駟

成十穆公子　公子騑襄九　子駟氏○鄭子罕成十六穆公子　公子喜

同年○子產襄八子發子　公孫僑襄二十二　國氏同年　子美襄二十五○

子耳襄八　公孫輒襄九伯有父○子展襄八子罕子　舍之同年　公孫

舍之襄九　罕氏襄二十九○子孔襄八　公子嘉襄九穆公子　司徒孔

襄十九○子蟜襄八　公孫蠆襄九子偃子○行人良霄襄十一公孫輒

子　伯有襄十五　伯有氏襄十九·良氏襄三十○公孫夏襄十四子

駟之子　子西同年○公孫黑襄十五　子晳襄二十　子晳氏同年○

大叔襄二十二子偃孫　子大叔襄二十四　叔同年　游吉襄三十○公孫

段襄二十二孫黑肱子公子石襄三十伯石同年公孫段氏昭元○游

販襄二十二公孫蠆子子明同年○然明襄二十四鬷蔑昭二十八鬷明同年

○公孫揮襄二十四子羽同年行人揮昭元行人子羽同年○宛

射犬襄二十四鄭公孫同年公孫同年○印段襄二十七印氏同年子

石襄三十○子皮襄二十九罕虎襄三十○豐卷襄三十子張同年

○馬師頡襄三十子羽孫羽頡同年○駟帶襄三十子西子子上同年○

公孫楚昭元大叔叔父子南同年子南氏同年○渾罕昭四子寬同年

大叔子○罕朔昭七馬師氏同年○豐施昭七公孫段子豐氏昭元子

旗昭十六○嬰齊昭十六子皮子子齹同年孺子同年○印癸昭十六印

段子子柳同年○駟偃昭十九駟帶子子游同年與公子偃同名同字○駟乞

昭十九子游叔父 子瑕 同年 ○駟歂 定八駟乞之子 子然 定九 ○罕達 定十

子齹之子 子姚 哀二 ○國參 哀五子產之子 子思 同年 桓子思 哀七 ○武

子賸 哀九 鄭子賸 哀十 ○駟弘 哀二十七駟歂子 子般 哀二

衛國

石碏 隱四 石子 同年 ○壽 桓十六 壽子 同年 ○甯俞 僖二十八 甯武

子 同年 甯子 同年 ○叔武 僖二十八成公弟 衛子 同年 ○夷叔 僖二十八

衛武 定四 ○公子瑕 僖二十八 子適 僖三十 ○孫良夫 宣七林父之父

孫桓子 同年 ○石稷 成二石碏四世孫 石成子 同年 ○衛侯弟黑

背 成十 子叔黑背 同年 ○甯子 成十四 甯殖 襄元 甯惠子 襄二十

○孫文子 成十四 孫林父 襄八 ○北宮括 成十七 北宮懿子

襄十四懿子年同○蘧伯玉襄十四○蘧瑗襄二十九○庚公差襄十
四子魚年同○毋弟鱄襄十四衛侯之弟鱄襄二十七子鮮年同
○石買襄十七○石共子襄十九○悼子襄十九○石惡襄二十七○
悼子襄二十○寗喜襄二十六寗惠之子寗子年同○北宮佗襄二十北
宮文子襄三十一○石盂襄二十二石㚖年同○大叔文子襄二十五
大叔儀襄二十七○孫襄襄二十六林父之子伯國年同○從子圃襄二
十八石圃哀十七○史狗襄二十九史朝之子衛文子年同○公子荆
襄二十九南楚昭二十○公叔發襄二十九公叔文子定六○史鰌
襄二十九史魚年同○孔成子昭七孔達之孫孔烝鉏年同○羈之孫
圉昭七烝鉏之曾孫圉年同孔文子哀十二孔悝之父孔圉哀十五

○孟縶昭七衛侯兄縶昭二十靈公兄公孟同年公孟縶同年○北宮喜昭十貞子昭二十北宮子同年北宮氏同年○析朱鉏昭二十成子同年○齊豹昭二十齊氏子同年衛司寇昭二十一○祝佗定四子魚同年○公子郢哀二公孫彌牟父子南同年○世叔齊哀十一大叔懿子之子大叔疾同年大叔悼子同年○司徒瞞成哀十五瞞成哀十六子還成同年○孔姬哀十五蒯聵之姊孔伯姬同年伯姬同年○孔悝哀十五孔文子之子孔叔同年○褚師比哀十六褚師哀二十五褚師聲子同年○許公爲哀十六許爲同年○大叔遺哀十六大叔疾弟大叔僖子同年○下臣肸哀十六鄢武子同年○公子起哀十七靈公子其君起哀十八○襄公之孫般師哀十

七般師(年同)○公孫彌牟(哀二十五子南之子)南氏(年同)文子(年同)子之(年同)○公文要(哀二十五)公文懿子(年同)○彌子瑕(哀二十五)彭封彌子(年同)○其弟期(哀二十五)司徒期(年同)○王孫齊(哀二十六)

王孫賈子　昭子(年同)

旁引　王孫牟(昭十二康叔之子)康伯(年同)

秦國

公孫枝(僖九)子桑○秦穆姬(僖十五)秦穆夫人(年同)伯姬(年同)○孟明(僖三十二)百里孟明視(年同)孟子(年同)孟明視(文二)○西乞(僖三十二)西乞術(僖三十三)○白乙(僖三十二)白乙丙(僖三十三)○秦伯之弟鍼(昭元)后子(年同)秦公子(年同)

宋國

大司馬隱三孔父桓二孔父嘉同年司馬同年○華父督桓元宋
督桓六○目夷僖八子魚同年公子目夷僖九司馬子魚僖二十
司馬同年○公孫固僖二十大司馬固僖二十二莊公孫○司徒
皇父文十一戴公子皇父充石同年○高哀文十四子哀同年○司
馬華孫文十五華耦同年華督孫司馬子伯文十八○王姬文十
六襄夫人同年君祖母同年夫人王姬同年○羊斟宣二叔牂
同年○公子圍龜成五子靈同年○宋伯姬成九共姬襄三十○
蕩澤成十五公孫壽之孫大夫山同年子山同年○子罕襄六司城子
罕同年樂喜同年○樂轡襄六子蕩同年○褚師段襄二十段共公子

子石年同○合左師襄二十六宋左師向戌年同○世子痤襄二
十六太子痤年同○華定昭二十宋司徒年同○華費遂昭二十
司馬年同○少司寇牼昭二十華亥庶子華牼年同○公子城昭二
十子城年同○華貙昭二十一華費遂之子子皮昭二十二○向宜昭二
十一向戌子子祿年同○公子朝昭二十一衛公子朝年同宋朝定十
四復適衛宋子朝哀十一○樂祁昭二十二子罕孫樂祁犂年同司城
子梁昭二十七子梁定八○樂溷定八樂祁子子明定九○桐門右
師定九樂大心年同○公之弟辰定十四母弟辰昭二十○向
魋哀十三桓魋年同桓司馬哀十四司馬年同○皇野哀十四司
馬子仲年同○杞姒之子非我哀十七皇非我哀二十五○樂

茷哀二十六樂溷子子潞年同司城茷年同○樂得哀二十六門尹得
年同○靈不緩哀二十六公子圍龜後左師年同
旁引宋武公桓六司空年同

陳國

陳五父隱七五父隱六威公弟陳公子佗年同文公子佗桓五陳
佗桓六○鍼子隱八陳鍼子年同○公子完莊二十二厲公子敬仲
年同○轅濤塗僖四轅宣仲僖五○夏徵舒宣十一夏氏年同少
西氏年同謂徵舒之家○陳侯之弟黃襄二十公子黃年同○大
子偃師襄二十五世子偃師昭八悼大子偃師年同○陳鍼宜
咎襄二十四陳大夫陳鍼年同鍼宜咎年同箴尹宜咎昭四年奔楚爲箴尹

○公子招昭元子招年同陳侯之弟招昭八司徒招年同○夏

齧昭二十三徵舒玄孫陳大夫齧年同陳夏齧年同

蔡國

公子燮襄八司馬燮年同蔡司馬年同○聲子襄二十六歸生年同

○世子有昭十一隱大子年同○大子朱昭二十一蔡侯朱年同

○公孫霍哀四公孫盱年同

旁引蔡叔定四年始封君蔡叔度○蔡仲定四年蔡叔之子蔡侯年同胡

年同

曹國

子臧成十五公子欣時年同○公孫彊哀七司城彊哀八

吳國

吳子句餘 襄二十八 吳子夷末 昭十五 ○吳公子札 襄二十九壽夢之子 札 同年 季子 襄三十一 季札 同年 延州來季子 昭二十七 ○鱄設諸 昭二十七 鱄諸 定十 ○大宰嚭 哀元 大宰 同年 子餘 字也 大宰子餘 哀八 ○王子姑曹 哀八 公子姑曹 哀十七

雜小國

越子 定十四 句踐 同年 ○常壽過 昭十三 越大夫 同年 ○紀子帛 隱二 紀裂繻 同年 ○郕伯 文十一 郕大子朱儒 同年 ○北燕伯欵 昭三 燕簡公 同年 北燕伯 昭十二 ○鄧祈侯 桓六 鄧侯 同年 ○州公 桓五 淳于公 同年 ○南燕伯 莊二十 燕仲父 同年 ○虢

莊二十虢叔莊二十一虢公醜僖五○虢公忌父隱九虢仲同年○
卜招父僖十七招同年○戎子駒支襄十四姜戎氏同年○韓
服桓九巴行人同年巴客同年○茅夷鴻哀七茅成子同年
旁引高陽氏文十八顓頊同年○高辛氏文十八帝嚳同年○有
窮后羿襄四夏羿同年○皐陶文五庭堅文十八○伯虎文十八
朱虎同年○仲熊文十八熊羆同年○渾敦文十八驩兜同年○
窮奇文十八共工同年○檮杌文十八夏鯀同年○伯封昭二十八
封豕同年○后夔妃昭二十八玄妻同年○管叔定四管叔鮮同年
○孔甲昭二十九夏后同年○逢公昭二十逢伯陵同年

名號便覽終

春秋左傳地名配古籍

周朝成周今河南洛陽縣

周采地今陝西鳳翔岐山二縣　温今河南温縣　原采地今河南濟原縣後與鄭　絺今河南河內縣境後與鄭　樊一名陽樊今河南濟縣有曲陽縣後與鄭　隰城今河南懷慶府有期城後與鄭　攢茅今河南脩武縣有攢城後與鄭　向今河南濟原縣有向城後與鄭　盟今河南孟縣有盟城後與鄭　隤今河南脩武縣境後與鄭　懷今河南脩武縣有懷城後與鄭　郲王城今河南郲縣　召采邑今陝西岐山縣有召公亭　伊水名源出河南盧氏縣悶頓嶺經嵩縣洛陽偃師縣入洛　洛水名源出陝西洛南縣冢嶺山經盧氏洛陽偃師鞏縣入河　伊川今河南嵩縣境　坎欿周地今河南鞏縣境　翟泉今洛陽城內舊有太倉西南池水　甘采邑今河南府城西有甘水　劉采邑今河南緱氏縣境有劉聚　邧垂今河南新安縣　鄇今河南武陟縣有鄇人亭　孟津

今河南孟津縣 東圉今河南洛陽縣有圉鄉 大陸今河南收縣 甯今河南脩武縣 解
今河南洛陽縣有大解小解 岐今河南岐山縣 酆今陝西鄠縣 潁今河南登封縣有潁谷
北山北芒山今河南府城北 狄泉今河南府東洛水北即成周也 郟朝邑今河南偃師縣
有郟溪 蒯今河南洛陽縣舊有蒯鄉 尸氏今河南府有尸鄉 闕塞即伊闕口今河南府
有闕塞山 瓦屋 州後與鄭 陘後與鄭
夷采地 酒泉 毛采地 單
滎采地 鄄 蔿 平時
徐 奄 甘鹿 郊
要 餞 揚 領
圃車 皇 社 平陰

澤邑 訾朝邑 牆人朝邑 直人朝邑

西闈 唐 瑕 杏

渠 褚氏 萑谷 施

胥靡 滑 圉澤 隄上

莒 鄟 馮 負黍

狐人 闕外 姑蕕 儀栗

穀城 簡城 盂 氾

任人

魯今爲山東曲阜縣

葭今山東泗水縣境 郎今山東魚臺縣境有郁郎亭 唐今山東魚臺縣境有武唐亭即棠地

中丘今山東東沂州境
祊今山東費縣境
防今山東曲阜縣有防山
菟裘今山東泗水舊有菟裘聚
郕今山東寧陽縣境卽成
讙今山東寧陽縣境
祝丘今山東沂州西有丘城
咸丘今山東鉅鹿縣南有咸亭
闞今山東東平州境
曲池今山東汶上縣舊有曲池亭
洙水名由魯東南流經孔里此謂洙泗之間也
蒐今山東沂州有蒐亭
乘丘今山東曹縣
郚今山東昌邑縣
郈今山東鄆城縣境
秦今山東范縣南有秦亭
梁丘今山東武城縣有梁丘城
莊公臺在今山東曲阜縣境
卞今山東泗水縣境
逵泉今山東曲阜城
寗母今山東魚臺縣有寗母亭
昌衍今山東曲沃縣境
重館今山東魚臺縣境
諸今山東諸城縣
郚今山東泗水縣有郚鄉
平陽今山東新泰縣
汶陽田今山東泰安州境
棘今山東定陶縣
巢丘今山東泰安州境
鄆今山東鄆城縣
費今山東費縣有費城
五父之衢今山東曲阜縣境
台今山東費縣舊有台亭
桃今山東泗水縣有桃城

旅松近防地 陽關在泰山東 武城今山東費縣有武城亭 沂水源出今山東尼山之麓西流入泗 大庫之庭在今山東曲阜縣境 紅今南直隸蕭縣有紅亭遠疑 根牟今山東福山縣有牟城本屬夷國宣九年取之 鬭雞臺在今曲阜縣西南 鄆陽關今山東曲阜縣有陽關 郰今山東沂州有郰城 武子臺在今山東曲阜縣境 蛇淵囿今山東定陶縣有蛇丘城 闡今山東定陶縣後爲齊所取 蒙今山東蒙陰縣 大野今山東嘉祥縣有獲麟臺 丘輿今山東泰安州境 潛 鄧

向 趡 奚 夫鍾

長勺 洮 濟 薛

鄑 升陘 句鼆 戾丘

笙 龍 楊喬 蜀

中城　壞隤　郰　劉

遇　高魚城　陽州齊魯境上　庚宗

蚡泉　商奄　泉丘　東野

負瑕　五梧　蚕室　泗水

泠　丘猶　比蒲　炊鼻

且知　啓陽

齊　營丘今山東青州濟南二府

石門今平陰縣境　盧今山東長清縣有盧城　艾今山東沂州有艾山　嬴今山東泰安州境　濼水名在今山東歷城縣　穀今山東東阿縣有穀城　且丘今山東博興樂安南有具中聚

葵丘今河南考城縣東　乾時今山東臨淄縣境有時水其源淺旱則乾故名　堂阜今山

東蒙陰縣境 柯今山東東阿縣 小穀管仲私邑 夷今山東高密縣有夷安城 陽穀今山東陽穀縣有盟臺 牡丘今山東東昌府有牡丘 鄟丘今南直隸潁州有鄟丘 平州今山東新泰縣境 華不注山名今山東濟南府城東其下有華泉 石窌今山東長清縣境

平陰今山東平陰縣 京茲今山東平陰縣東南 清今山東肥城縣 祝柯今山東禹城縣境 高唐今山東高唐州 重丘今山東茌平縣有重丘城 蒲姑今山東博興縣有蒲姑城

聊今山東聊城縣 姑尤二水名在今山東萊州 夾谷即祝其今山東淄川縣有夾谷山 野井今山東禹城縣有野井亭 夫于今山東長山縣 遄臺臺名在今山東臨朐縣西

博 嬴二邑今屬山東萊蕪縣 鄆齊魯界上邑 東陽今山東青州府境有東陽城

姑棼 黃 禚 北杏

落姑 彤水名 甗 酅

周首　垂　審　哀娄

蜀　莘　馬陘　杏

鄟棠　灑藍　郰殿　寧風

稷　攝　句竇　潞

郞　犂　轅　賴

文陵　顧　殳　冒

淳　舟道　犂　媢

晉絳今山西翼城縣

曲沃即新城晉別封成師之地今山西曲沃縣　耿本國晉滅之今山西河津縣　霍本國晉滅之今山西霍州　魏本國晉滅之今北直隸魏縣　蒲今山西蒲縣　箕今山西大谷縣東有箕城

屈今山西石樓縣有屈乘泉 采桑今山西太寧縣 高粱今山西寧晉縣境 沙鹿山名
今北直隸元城縣 華山今陝西華州境 解梁今山西解州 韓即韓原今陝西韓城縣境
狐厨今山西臨汾縣舊有狐亭 令狐今山西猗氏縣 桑泉今山西臨晉縣 臼衰今山
西解州有印城 冀今山西河津縣有冀亭 郇今山西解州境 縣上今山西介休縣 河陽
即溫今河南孟縣有河陽城 清原今山西稷山縣 殽今河南陝州境 茅津今河南陝州
王官今陝西澄城縣有王官城 董今山西萬泉縣舊有董亭 北徵今陝西澄城縣有北徵城
羈馬今陝西郃陽縣 河曲今山西河曲縣 桃林即潼關今河南靈寶縣 陰地在今
河南山北 首山今蒲州東南境 懷今河南武陟縣 邢丘今懷慶府城東 稷今山西稷山縣
董澤今山西聞喜縣有董池陂 新田今山西平陽府絳縣 汾水名出太原經絳北 澮水名
出平陽絳縣南 梁山今山西石州東 太原即大鹵今山西太原縣 銅鞮今山西沁州

涑川源由聞喜至蒲坂入河 瓠丘今山西垣曲縣境 雞澤今北直隸雞澤縣 湨
梁今河南濟原縣境 長子今山西潞安府境 純留今山西潞安府境 梗陽今山
西清源縣南有梗陽城 雍榆今北直隸滑縣有雍榆城 朝歌今北直隸濬縣有朝歌城 大
行今山西絳縣東 東陽今北直隸河間府 中都今山西介休縣有中都城 虒祁今山
今山西曲沃縣境有虒祁宮 戲陽今北直隸內黃縣北有戲陽城 乾侯今北直隸成安縣
沙今北直隸大明府有沙亭 五氏在今北直隸邯鄲縣境 晉陽今山西太原縣 牽即脾
上梁今北直隸內黃縣境 中牟今河南中牟縣 欒今北直隸欒城縣 鄗今北直隸栢鄉縣
盂今山西盂縣 壺口今山東壺縣 栢人今北直隸唐山縣有栢人城
隨 鄂 陘庭 受鐸
昆都 盧柳 被盧 郊

寗　郰　董陰　刳首

瑕　諸浮　黃父即黑壤　焦

向陰　原　屏　輔氏

雒　斷道即卷楚　洮水名　赤棘

垂棘　桑田　野王　陽樊

苕丘　虛　郜　長樗

著雍　著　郫邵　少水

鄗　苗　木門　任

大夏　州　魏榆　汝濱

適歷　曲濮　名州　邢

逆時　陰人

楚 號荊後改楚今湖廣江陵縣

郊郢 今湖廣承天府境　那處 今湖廣荊門州　陘 今河南偃城縣召城之南有陘城　召陵 今河南偃城縣東有召陵城　武城 今河南南陽縣北　方城 今河南裕州東北　漢水 源自今陝西漢中至荊門州東境下江與沔水入河　析 即白羽今爲河南內鄉縣　錫穴 今湖廣鄖縣本麇地楚滅之　廬 今湖廣襄陽府城南有中廬城　阜山 今湖廣房山縣境　葉 今河南葉縣　夢澤 澤名今湖廣德安府有雲夢城　申息 二縣本國楚滅之爲邑　夏州 今湖廣武昌府夏口有洲名夏州　鄖 今湖廣德安府境　鍾離 今南直隸鳳陽府境　繁陽 今河南蔡縣南　柤 今南直隸沛縣境　棠 今南直隸六合江浦二縣　荊山 今湖廣章漳縣境　章華宮 在今湖廣監利縣　塗山 今南直隸懷遠縣　乾溪 在今南直隸亳縣境　不羹

一在襄城東南一在定陵西北　魚陂今湖廣景陵縣有甘魚陂　雞父今南直隸壽州境有雞俻
亭　潛今南直隸廬江縣境　栢舉今河南西平縣栢子國地　堂溪今河南郾城縣有堂溪故
城　成臼水名今湖廣漢川縣南　夏汭漢水今湖廣武昌府境　豫章今湖廣德安府
境非江南豫章也　江水名今湖廣荊州府城南　麻東鄀邑　雎水名今湖廣當陽縣北　漳
水名今湖廣當陽縣北　白今湖廣息縣有白公城　慎楚邑今南直隸廬州東北有慎城　大
隧今河南羅山縣西南一名九重關　直轅今河南信陽州南一名武勝關　小別今湖廣漢
川縣　冥阨今河南信陽州東南一名平清關　大別今湖廣漢陽府　雍澨今湖廣岳州府
東南　沇鹿　荒谷　冶父
湫　津　鴐　郢楚國都
睽　蔿　商　焦夷

大林　陽丘　訾枝　陘隰
阪高　選　句澨　轑陽
烝野　皐滸　郔　汾
呂　新石　鳌　瓝
岡山　庸浦　巢　棘
鄟　瑣　南懷　汝清
舟息　固城　宗丘　長岸
陰　郟　薳澨　圉陽
州屈　丘皇　卷　茄
養　訾梁　稷山　軍祥

麇　公壻　脾洩　豚澤

城父　高府

鄭今河南新鄭密二縣

鄢今河南鄢陵縣　京今河南滎陽縣　廩延今河南延津縣　城潁潁水出河南登封縣至襄城爲渚河　長葛今河南長葛縣　制北制即虎牢今河南汜水縣　郲即時來今河南滎陽縣境

鄔今河南偃師縣境本周地後與鄭　邘今河南懷慶縣有邘臺村　櫟今河南鈞州　滑今河南睢州西北有滑亭　扈今河南原武縣有扈亭　新城今河南密縣境　踐土今河南滎澤縣西北有踐土臺　氾今河南襄城縣　原圃今河南中牟縣有圃田澤　函陵今河南靈寶縣南

衡雍今河南滎澤縣有衡雍故城　氾南今河南滎陽中牟縣南　垂隴今河南滎陽縣東有隴城　狼淵今河南許州地　棐林今河南滎陽中牟二縣境　邲今河南鄭州有邲城　管

今河南鄭州有管城 **敖** 山名在今河南滎陽縣境 **鄗** 山名在今河南滎陽縣境 **汜祭** 今河南鄭州有祭城 **蟲牢** 今河南封丘縣舊有桐牢 **馬陵** 今河南中牟縣有馬陵岡 **脩澤** 今河南脩武縣境 **訾** 今河南鞏縣有訾城 **鳴雁** 今河南睢州境 **高氏** 今河南鈞州有高氏亭 **曲洧** 今河南洧川縣 **洧水** 源出河南密縣至新鄭縣會溱水 **向** 鄭地今河南尉氏縣有向城 **瑣** 今中牟縣有瑣侯亭 **魚陵** 今河南汝州境 **梅山** 今河南鄭州 **太室** 今河南登封縣境 **鈞臺** 今河南鈞州 **蒍氏** 今河南尉氏縣有蒍氏城 **圍** 今河南杞縣有圍城 **犨** 今河南魯山縣東有犨城 **皐鼬** 今河南襄城縣境 **匡** 今河南睢州有匡城 **狐壤**

棘津 **繻葛** **武父** **上棘**

旃然 水名 **柯澤** **陰阪** **棐**

暴 **南里** **郔** **柳棼**

伯牛　鄍　暴隧　鄢陵

督陽東地　柯陵西地　戲童　鄬

鄵　陰口　牛首　梧制

陽陵　亳北　蕭魚　胥靡

獻于　雍梁　城麇　黃崖

手城　柤

衛古朝歌地今河南淇縣

清今山東東阿縣舊有清亭　垂郎犬丘今山東曹縣有垂亭　𨒪近垂地　楚丘今北直隸滑縣　蒲今北直隸長垣縣境　鄄今山東濮州境　莘今山東莘縣　茅氏　戚東都邑　匡今北直隸長垣縣有匡城　熒澤今河南熒澤縣　鹹今北直隸開州東南有鹹城　訾婁今北

直隸長垣縣有訾婁城　五鹿今北直隸元城縣東　帝丘今北直隸滑縣東北　戚今北直隸開州有戚城　清丘今北直隸開州有清丘故址　柯今北直隸內黃縣有柯城　柯澤今山東鉅野縣有大澤　廩丘今山東范縣有廩丘城　澶淵今北直隸開州有澶淵城　夷儀本邢地衛滅之爲邑　平丘今河南陳留縣有平丘城　瓦今河南胙城縣東北有瓦亭　垂葭改名郥氏今山東鉅野縣舊有郥亭　懿氏　戚西鄙邑　昆吾觀今開州東城有昆吾臺

黃池今河南封丘縣南　戎州今山東曹縣有楚丘城　敎

桃丘　丘宮　首止　城濮

菟圃　濮宛　歛盂　襄牛

新築　鞫居　鍼　羊角

平壽　死鳥　郥　少禘

秦今陝西鞏昌等府

王城今陝西臨晉縣境舊有王城　彭衙今陝西白水縣有彭衙城　少梁今陝西韓城縣有少梁城　中南即終南山今陝西西安府境　祁新城　具囿囿名

麻隧涇水名　侯麗　新楚　棫林

宋今河南歸德府

黃今河南杞縣有外黃城　郜本國宋滅之爲邑今山東城武縣有郜國城　穀丘今河南歸德府境　蒙澤今河南歸德府境　亳今南直隸虹縣西境　犖即檉今河南南陳州境有檉亭

貫今河南確山縣　睢水名東經陳畱彭城入泗　鹿上今山東金鄉縣南　緡今山東金鄉縣南界　焦即譙今南直隸亳縣有廢譙縣　夷即城父今南直隸亳縣有廢城父縣　孟諸今河南歸德州境　大棘今河南寧陵縣有大棘城　承匡今河南睢州境　新城今汝南夏邑縣境

沙隨今河南寧陵縣有沙隨城 彭城今爲南直隸徐州 楊梁今河南睢州境 薄史記作亳即景亳今河南順德府東南 鬼閻今河南西華縣境 城父今南直隸亳縣有城父城

鴻口今河南歸德州舊有鴻口亭 曲棘今河南杞縣有曲棘江 志丘今河南陳畱縣境 雍丘今河南杞縣 老桃 管 稷

虛 龜 幽 盂

長丘 汋陂 夫渠 汋陵

朝郟 城郜 幽丘 靡角

呂 督 訾母 襄牛

商丘 赭丘 渠蒢卽蘧挐 城鉏

橫 新里

陳今河南陳州

濮今河南濮州　辰陵今河南西華縣境　鳴鹿今河南鹿邑縣　城棣今河南封丘縣境

嫣　壺丘　豐丘

蔡今爲河南上蔡新蔡二縣

華今河南華縣　桑隧今河南確山縣舊有桑里　郥陽

吳今南直隸蘇州府

延即延陵今南直隸常州府　檇李今浙江嘉興縣西南有檇李城　雲婁今南直隸霍丘縣境

鳩茲今南直隸蕪湖縣有鳩茲港　衡山今浙江湖州府城南　朱方今南直隸丹徒縣

夫椒今南直隸無錫縣太湖濱　邗即發揚今南直隸泰州境　笠澤今太湖　桐汭今南直隸廣德州

房鍾　陘　阜舟　頹　艾

郲今山東鄒平縣

繹今山東鄒縣繹山　漆今山東鄒縣境有漆亭　茅今山東嶧縣有茅鄉亭　漷水出今南直隸沛縣東南　濫今山東滕縣有濫城　閭丘今山東鄒縣有閭丘亭　翼

偃　虛丘　狐駘　離姑

瑕　句繹　絞

杞今河南杞縣

牟婁今山東莒州　曲棘今河南杞縣有曲棘城　緣陵　無婁

莒今山東莒州

鄑今山東昌邑縣　渠丘今山東安丘縣　鄆今山東鄆城縣　介根今山東膠州有介根城

紀鄣今南直隸贛榆有紀鄣城　牟婁今山東安丘縣有牟婁山　防茲今山東德平縣有防

亭　且于　壽舒　蒲侯氏　大厖

常儀靡　鄅陵　壽餘　鄍

越今浙江山陰縣

會稽山今山陰縣境　姑蔑今浙江龍游縣有蔑姑城　甬今浙江定海縣境　寘

徐即商邳國今南直隸邳州

良今南直隸邳州有良城　婁林今南直隸泗州有婁亭　蒲隧

東虢今河南陝州

莘今河南陝州　桑田今河南陝州境　下陽今山西平陸縣

紀今山東壽光縣

浮來今山東莒州西　酅　郱

山戎即古無終今北直隸遵化縣

蠻氏別種今河南汝州有蠻中聚　中人今北直隸慶縣有中人城　梁今河南汝州境有廢梁城　霍今河南汝州境有霍山　瓜州今甘肅地　揚拒　泉皐

曹今山東曹州

洮今山東曹州境　重丘　鄟

虞今河南虞城縣

顛軨今山西平陸縣舊有顛軨城

許今河南許州

展陂　烝氏　淳

淮東夷國今南直隸淮安府境

羽山 今南直隸贛榆縣有羽山

犬戎 西戎別在中國者

渭汭 源出臨洮府東至咸陽入河

鄖 鄖邳國今湖廣德安府境

蒲騷 今湖廣應城縣

鄀 今河南上津縣

商別 今河南內鄉縣

舒 今南直隸舒城縣

鵠岸 今南直隸舒城縣有鵠尾渚

白狄 今北直隸盧龍縣有肥兒國

鼓白狄 別種今北直隸晉州有鼓城

滕 今山東滕縣

薛 今山東滕縣有薛城

宿 今南直隸宿州

申 今河南南陽縣

共 今河南輝縣

祭 今河南鄭州有祭城

夷 今山東青萊二府境

向 今山東莒州南有向城

極 魯附庸國今山東兖州府地

西虢 今陝西寶雞縣有虢國城

邢 今北直隸順德府

郕 今山東汶上縣北有郕國城

北燕 今北直隸順天府

凡 今河南輝縣有凡城

戴 今河南考城縣

芮 今山西芮城縣

州 今湖廣監利縣

商丘 古國今河南歸德州境

驪戎今陝西臨潼縣有驪戎城

鄣今山東東平州有鄣城

狄今北直隸定州

陽今山東沂州

皐落赤狄別種今山東樂平縣

江今河南確山縣

冀今山西河津縣舊有冀城

弦國今河南光山縣故弦國

道今河南安陽縣境

栢今河南西平縣有栢亭

梁今陝西郃陽縣

鄟今山東嶧縣

厲楚與國今湖廣隨州有厲鄉

英氏楚與國今南直隸六安州境

項今河南項城縣

任今山東濟寧州有任城

須句今山東樂平州有須城

顓臾今山東費縣有顓臾城

陸渾即九州今河南嵩縣

頓今河南商水縣

夔 今湖廣歸州有故夔子城

麇 今湖廣岳州府

巢 今南直隸巢縣

崇 今陝西鄠縣

郯 今南直隸海州

潞氏 今山西潞州在潞城縣境

鄟 魯附庸國今山東兗州境

州來 楚屬國今南直隸壽州

觀 夏叛國今山東觀城縣有觀國

駘 今陝西武功縣境

沈 楚屬國今河南汝陽縣

六 今南直隸六安州有六城

庸 今湖廣竹山縣有庸山

赤狄 甲氏別種留吁別種今山西永年號

萊 今山東黃縣有萊城

黎侯 今山西黎城縣

郇瑕 古國今山西解州鹽池其地也

郜 今山東濟陽縣

扈 夏叛國今陝西鄠縣有扈國

畢 今陝西長安縣境

隨 今湖廣南隨州有隨城山

黃 今河南光州

鄧 今河南鄧州

蓼 今南直隷霍丘縣

牟 今山東福山縣

蔿 今河南寧陵縣

郳 即小邾魯附庸國今山東滕縣境

權 今湖廣當陽縣

濮 今湖廣常德辰州二府

賴 今河南息縣

穀 今湖廣穀城縣

巴 今四川巴縣

譚 今山東章丘縣

羅 今河南漳縣南有羅城

南燕 今河南胙城縣

餘丘 今山東滋陽縣境

遂 今山東定陶縣境

蕭 今南直隷蕭縣

肅慎 北夷今爲遼東三萬衛

鮮虞 即中山今北直隷新示縣鮮虞城

密須今陝西靈臺縣　胡今南直隸潁州有胡城

房今河南遂平縣有房城　甲父古國今山東金鄉縣有甲父城

鍾吾今南直隸宿遷縣　桐今南直隸安慶府舊有桐城

唐今湖廣棗陽縣有上唐鄉　斟灌古國今山東壽光縣舊有灌亭

斟鄩古國今山東濰縣東斟亭　貳在湖廣隨州南

軫國在楚東　舒鳩國楚屬　瞍瞞狄國　雒戎國諸戎雜居雒水

姚商叛國　商奄古國　豕韋古國　飂古國

鄅國　黎夷國　緡國　仍國

蓐國　姒國　鑄國　有鬲古國

鉏古國　窮古國　繒國　宗國

過國 戈國 絞國 貫國

荀國

地闕

劉 蔿 折 經

皇 多魚 沓 女栗

厥貉 縣訾 瓜衍 上鄍

瑣澤 交剛 貍脤 坂泉

虛朾 台谷 大隧 商任

壙林 祲祥 厥慭 雩婁

窮 容城 拔 鄟陵

安甫　百地　彌作　頊丘

玉暢　岜　戈　錫

春秋列國東坡圖說

傳稱武王克商光有天下兄弟之國者十有五人姬姓之國者四十人爵五品而土三等公侯百里伯七十里子男五十里不滿爲附庸盖千八百國周室既衰轉相吞滅數百年間列國耗盡春秋之世見於經傳者總一百二十四國魯晉楚齊秦吳越宋衛鄭陳蔡邾曹許莒杞滕薛小邾息隨虞北燕紀巴鄧郳徐鄣芮胡南燕州梁荀賈凡祭宿鄅原蓼舒鳩滑鄀黃羅邢魏霍郜鄟瞞向偪陽韓舒庸焦楊夷申密耿麇萊眩頊沈穀譚舒鄖白狄賴肥鼓戎蠻唐潞江郇權道栢貳軫絞蓼參六遂崇戴冀溫厲項英氏介巢盧根牟無終郝姒薄狄房鮮虞陸渾桐郡於餘丘須句顓臾任葛蕭牟鄣極郭蠻夷戎狄不在其間若夫二百

四十二年之中朝會盟聘圍伐滅入孔子筆之於經丘明公穀發明於傳至今猶想見其處今掇取其尤著者附次於後舊圖引晉地理志云見於經傳者百七十國以夏商時諸侯斟尋過戈豕韋之類並列其間蓋前史誤今以左傳漢書春秋纂例參定之

春秋列國東坡圖說 畢

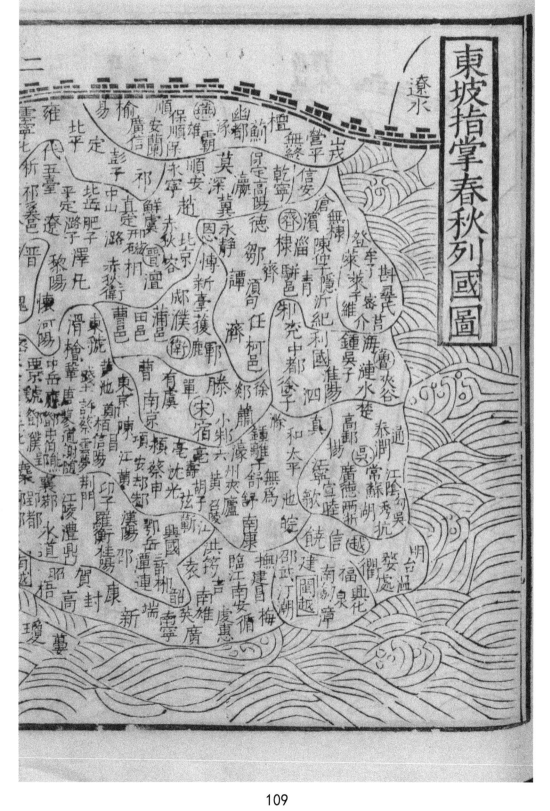

東坡指掌春秋列國圖

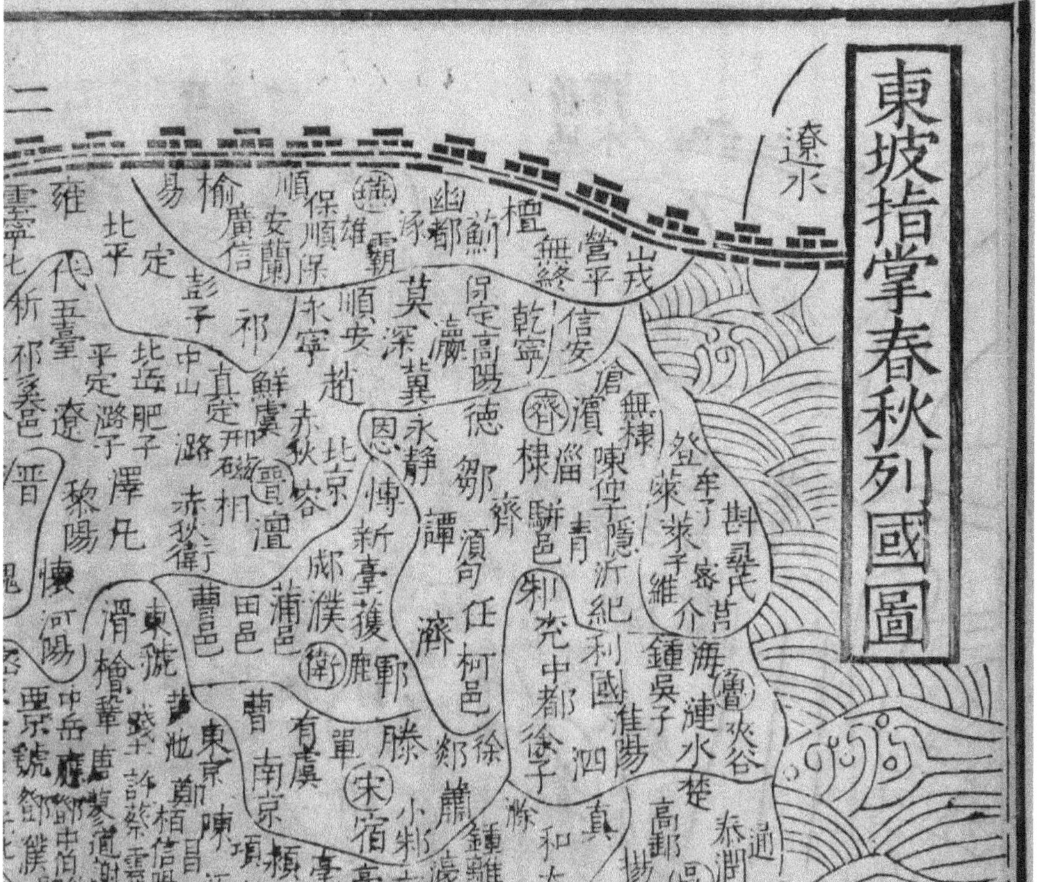

遼水
燕
齊
晉
衛
魯
宋
吳
越
楚
曹
鄭
陳
蔡
許
幽都
薊
檀
營平
無終
山戎
保
順安
易
榆
定
北平
莫
深
冀
趙
德
濟
任
淄
青
海
淮陽
泗
真
和
揚
潤
常
蘇
湖
江陰
秀
杭
明
台
婺
衢
信
饒
福
泉
漳
建
邵武
汀
南康
撫
臨江
洪
袁
潭
岳
鄂
漢陽
荊門
江陵
襄
郢
賀
封
康
新
端
南雄
英
廣
惠
梅
循
虔
韶
郴
連
昭
梧
高
瓊

居延澤水
唐安北府
三受降城
營
夏
宥
鹽
銀
靈
蘭
會
沙
瓜
肅
甘
弱水
青海
黃河
廓
積石山
秦
原
鎮
渭
成
文
鳳
鳳翔
隴
儀
同
坊
丹
延
綏
華
商
河中
大散
興元
洋
龍
蜀
綿
梓
遂
漢
彭
成都
簡
資
榮
戎
嘉
雅
邛
蜀
黎
雋
大渡河
雲南
南詔
漢
永昌
交
安南
廣
源
蘇
茂
欽
橫
廉
白
雷
容
巴
開
萬
忠
黔
施
金
房
均
昌化

春秋左傳註評測義引用書目

春秋公羊傳　　春秋穀梁傳

春秋程傳　　春秋胡傳

夾漈春秋傳鄭樵　　春秋啖趙集傳啖助　趙匡

春秋張氏集注　　春秋孫氏發微

春秋劉氏意林　　春秋集傳王葆

春秋集解呂本中　　春秋集傳纂例陸淳

春秋後傳陳傅良　　春秋諸傳會通李廉

春秋集解呂祖謙　　春秋直音陸德音

春秋大全　　春秋會傳

春秋列傳　春秋集傳 楊時秀

春秋師說 黃澤　春秋私考 季本

春秋經世 王樵　春秋正傳 湛若水

春秋紀愚　春秋國華 嚴訥

春秋事義 姜寶　春秋辯疑

春秋左傳集解 杜預　春秋左傳釋例 杜預

春秋左傳注疏 孔穎達　春秋左傳句解 林堯叟

春秋左傳類編 劉績、春秋左傳直講 郭登

春秋左傳節文 汪道昆　春秋名號歸一圖

左傳句解 朱申　東萊左傳博[redacted] 呂祖謙

左傳補註 趙　　　左傳屬事 傅遜

左傳屬詞 趙汸　　左傳章旨 陳傅良

左傳粹題評 孫應鰲　　左傳鐫 陸粲

左傳補注辯疑 傅遜　　易經

詩經　　禮記

周禮　　儀禮

爾雅　　孔子家語

國語　　晏子春秋

吳越春秋　　呂氏春秋

越絶書　　水經

二　文百卅二十六

山海經　史記

風俗通　博物志

墨子　管子

韓詩外傳　史通劉知幾

通鑑前編金履祥　通志書

杜氏通典　文獻通考

玉海　眞西山文章正宗德秀

唐宋名賢確論　文編

稗編　柳柳州文集宗元

朱子語録　二程語録

歐陽文忠公文集修　　蘇文忠公文集軾

蘇欒城文集轍　　文苑英華

文獻通考　　皇明文範

日格子邵寶　　餘冬序録何孟春

黄氏日抄震　　王陽明文集守仁

荆川文集唐順之　　弇州四部稿王世貞

古言鄭曉　　黄五岳文集省曾

博物志　　風土記

經籍考　　大事紀

正韻　　廣韻

經史海篇　許氏說文
大明一統志　廣輿志
郡縣沿革

春秋左傳註評測義姓氏

戰國

莊周字　蒙人

漢

董仲舒字　廣川人　劉向字子政漢宗室

劉歆字子駿向子　班固字孟堅[redacted]

何休字邵公任城人

晉

杜預字元凱杜陵人　范甯字武子豫章人

南北朝

劉勰字彥和東莞人

隋

劉炫字光伯河間人

唐

劉知幾字子玄彭城人　柳宗元字子厚河東人

孔穎達[redacted]　啖助字叔佐

趙匡字伯循

宋

鄭樵字漁仲莆田人　歐陽修字永叔盧陵人

司馬光字君實夏縣人　蘇軾字子瞻眉州人

蘇轍字子由眉州人　劉敞字原父新喻人

劉安世字器之魏人　呂祖謙字伯恭金華人

蔡沈字仲默建陽人　朱熹字元晦婺源人

程頤字正叔洛陽人　呂本中字居仁壽州人

林堯叟字唐翁梅溪人　陳傅良字君舉永嘉人

真德秀字景元浦城人　呂大圭字樸鄉永嘉人

黃幹字直卿　人　家鉉翁字　眉州人

高閌字抑崇鄞縣人　朱申字周翰　人

黃澤字楚望　人　戴溪字肖望永嘉人

黃震字東發慈谿人　李琪字　伊闕人

孫復字明復平陽人 胡寧字和仲建安人

石介字守道奉符人 王葆字彦光 人

項安世字平甫江陵人 張洽字元德清江人

許瀚字崧老襄邑人 馬端臨字貴與番易人

趙鵬飛字 人

元

鄭玉字子美歙人 金履祥字吉父蘭谿人

齊履謙字伯恒聊城人 吴澂字幼清崇仁人

明

趙汸字子常休寧人 汪克寬字德輔祁門人

李廉字行簡廬陵人　郭登字元登臨淮人
崔銑字子鍾安陽人　湛若水字原明增城人
邵寶字國賢無錫人　何孟春字子元郴州人
王鏊字濟之吳縣人　楊時秀字　懷遠人
王守仁字伯安餘姚人　陸粲字子餘長州人
鄭曉字室夫海鹽人　季本字明德會稽人
王樵字　金壇人　唐順之字應德武進人
楊慎字用修新都人　黃省曾字勉之長州人
王維楨字允寧華州人　凌約言字季默烏程人
王世貞字元美太倉人　汪道昆字伯玉歙縣人

姜寶字 丹陽人 孫應鰲字 貴州人

李時成字 黃州人 傅遜字士愷太倉人

劉績字 江夏人

右序古今贊達不爲諱名尊經傳亦以重諸

贊達也先君子季默諱敬倩友生蕘附

後學凌稚隆字以棟烏程人編次

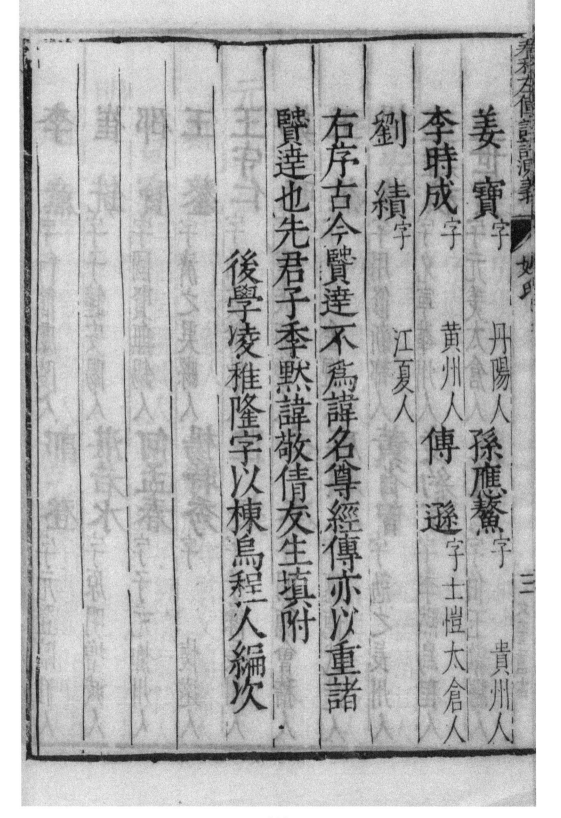

春秋左傳總評

莊周氏曰春秋經世先王之志也聖人議而不辯

又曰春秋以道名分

董仲舒氏曰有國者不可以不知春秋前有讒而不見後有賊而不知爲人臣者不可以不知春秋守經事而不知其宜遭變事而不知其權爲人君父而不通春秋之義者必蒙首惡之名爲人臣子而不通春秋之義者必陷簒逆之罪故春秋禮義之大宗也

劉歆氏曰左氏丘明好惡與聖人同親見夫子而公

穀在七十子後傳聞之與親見其詳畧不同也

斑固氏曰周室既微載籍殘缺仲尼思存前聖之業以魯周公之國禮文備物史官有法故與左丘明觀其史記據行事仍人道因興以立功就敗以成罰假日月以定歷數籍朝聘以正禮樂有所褒諱貶損不可書見口授弟子弟子退而異言丘明恐弟子各安其意以失其真故論本事而作傳明夫子不以空言說經也春秋所貶損大人當世君臣有威權勢力其事實皆形於傳是以隱而不宣所以免時難也及末世口說流行故有公羊穀梁鄒

夾之傳公穀立於學官鄒氏無師夾氏未有書杜預氏曰春秋者魯史記之名也記事者以事繫日以日繫月以月繫時以時繫年所以紀遠近别同異也故史之所記必表年以首事年有四時故錯舉以為所記之名也周禮有史官掌邦國四方之事達四方之志諸侯亦各有國史大事書之於策小事簡牘而已周德既衰官失其守上之人不能使春秋昭明赴告策書諸所記注多違舊章仲尼因魯史策書成文考其真偽而志其典禮上以遵周公之遺制下以明將來之法其教之所存文之

所害則刊而正之以示勸戒其餘則皆卽用舊史史有文質辭有詳畧不必改也故傳曰其善志又曰非聖人孰能修之蓋周公之志仲尼從而明之左丘明受經於仲尼以爲經者不刊之書也故傳或先經以始事或後經以終義或依經以辨理或錯經以合異隨義而發其例之所重舊史遺文畧不盡舉非聖人所修之要故也身爲國史躬覽載籍必廣記而備言之其文緩其旨遠將令學者原始要終尋其枝葉究其所窮優而柔之使自求之饜而飫之使自趨之若江海之浸膏澤之潤渙然

冰釋怡然理順然後爲得也其發凡以言例皆經國之常制周公之垂法史書之舊章仲尼從而修之以成一經之通體其微顯闡幽裁成義類者皆據舊例而發義指行事以正褒貶諸稱書不書先書故書不言不稱書曰之類皆所以起新舊發大義謂之變例然亦有史所不書卽以爲義者此蓋春秋新意故傳不言凡曲而暢之也其經無義例因行事而言則傳直言其歸趣而已非例也故發傳之體有三而爲例之情有五一曰微而顯文見於此而起義在彼稱族尊君命舍族尊夫人梁亡

城緣陵之類是也二曰志而晦約言示制推以知例參會不地與謀曰及之類是也三曰婉而成章曲從義訓以示大順諸所諱辟璧假許田之類是也四曰盡而不汙直書其事具文見意丹楹刻桷天王求車齊侯獻捷之類是也五曰懲惡而勸善求名而亡欲蓋而章書齊豹盜三叛人名之類是也推此五體以尋經傳觸類而長之附于二百四十二年行事王道之正人倫之紀備矣

孔穎達氏曰夫子因魯史之有得失據周經以正褒貶一字所嘉有同華衮之贈一言所黜無異蕭斧

之誅所謂不怒而人威不賞而人勸實永世而作
則歷百王而不朽者也至於秦滅典籍鴻猷遂寢
漢德既興儒風不泯其前漢傳左氏者有張蒼賈
誼尹咸劉歆後漢有鄭衆賈逵服虔許惠卿之等
各爲詁訓然雜取公羊穀梁以釋左氏此乃以冠
雙屨將絲綜麻方鑿圓枘其可入乎晉世杜元凱
又爲左氏集解專取丘明之傳以釋孔氏之經所
謂子應乎母以膠投漆雖欲勿合其可離乎

劉勰氏曰夫子閔王道之缺傷斯文之墜因魯史以
修春秋舉得失以表黜陟徵存亾以標勸戒褒見

一字貴踰軒冕貶在片言誅深斧鉞然睿旨存亾幽隱經文婉約丘明同時實得微言乃原始要終創爲傳體傳者轉也轉受經旨以授其後實聖文之羽翮記籍之冠冕也

劉知幾氏曰蓋左氏之義有三長而二傳之義有五短按春秋昭二年韓宣子來聘觀書於太史氏見魯春秋曰周禮盡在魯矣吾乃今知周公之德與周之所以王也然春秋之作始自姬旦成諸仲尼丘明之傳所有筆削及發凡例皆得周典傳孔子教故能成不刊之書著將來之法其長一也又按

哀三年魯司鐸火南宮敬叔命周人出御書之時於魯文籍最備丘明既躬爲太史博總羣書至如檮杌紀年之流鄭書晉志之類凡此諸籍莫不畢覩其傳廣包它國每事皆詳其長二也論語子曰左丘明耻之丘亦耻之夫以同聖之才而膺授經之托加以達者七十弟子三千遠自四方同在一國於是上詢夫子下訪其徒凡所採摭實廣聞見其長三也如穀梁公羊者生於異國長自後來語地則與魯史相違論時則與宣尼不接安得以傳聞之說而與親見者爭先乎其短一也左氏述臧

哀伯諫桓納鼎周內史美其讜言王子朝告于諸侯閔馬父嘉其辯說凡如此類其數實多而丘明仍其本語就加編次亦猶史記載樂毅李斯之文漢書晁錯賈生之筆尋其實也如二傳所錄人言語乃齟齬文皆瑣碎夫如是蓋彼得史臣之簡書此傳流俗之口說故使隆殺各異豐儉不同其短二也尋左氏載諸大夫詞令行人應答其文典而美其語博而奧述遠古則委曲如存徵近代則循環可覆蓋當時國史已有成文丘明但編而次之配經稱傳而已也如二傳者記言載事失彼菁華

尋源討本取諸胷臆故理甚迂辟言多鄙野比諸左氏不可同年其短三也按二傳雖以釋經爲主其缺漏不可殫論如經云麇而左傳云公子圍所殺及公羊所傳重述經文無所發明依違而已其短四也漢書載成方遂詐稱戾太子至於闕下雋不疑曰昔衛蒯聵得罪於先君將入國太子輒拒而不納春秋是之霍光由是始重儒學按雋生所引乃公羊正文夫父子爭國名教同嫉而公羊釋義反以衛輒爲賢失聖人之旨奬進惡徒其短五也

又曰孔子云吾志在春秋行在孝經於是授春秋於丘明授孝經於曾子史記云孔子兩觀周室論史記舊聞次春秋七十子之徒口授其旨傳所刺譏褒諱之文不可以書見也魯君子左丘明懼弟子人各異端失其眞意故因孔氏史記具論其語成左氏春秋

鄭樵氏曰古者諸侯之國各自有史書成而獻于王王命内史掌之以别其同異考其虛實而知其美惡周自東遷以來威令不振諸侯無所稟畏而史官虛美隱惡不足懲勸聖人因史筆而爲經二百

四十二年之事約於萬八千言之間使後世因列國之史斷以聖人之經則史之不實者卽經以傳其實經之所不載者卽史以知其詳此則聖人之意而左氏以之爲傳也

又曰或問三子傳經各有得失孰優孰劣曰公穀口傳而左氏則筆錄也公穀解經而左氏則記事也體製不同詳畧亦異未可優劣也

又曰左氏旣作凡太史公劉向之徒著書立言首尾倒錯皆不得捆摭而成見其有功於世又非特傳聖人之經而已

程子曰春秋大義數十炳如日星乃易見也惟其微辭奧義時措從宜者爲難知也或抑或縱或予或奪或進或退或微或顯而得乎義理之安文質之中寬猛之宜是非之公乃制事之權衡揆道之模範也

又曰春秋經不通求之傳傳不通求之經

又曰春秋已前旣已立例到近後來書得全別一般事便書得別有意思若依前例觀之殊失之也

又曰或問左傳可信否曰不可全信信其可信者耳某看春秋有兩句法云以傳考經之事迹以經別

傳之眞僞又問公穀如何曰又次於左氏問左氏
即是丘明否曰傳中無丘明字不可考
朱子曰周衰王者之賞罰不行於天下諸侯強凌弱
衆暴寡是非善惡由是不明人欲肆而天理滅矣
夫子因魯史而修春秋代王者之賞罰是是而非
非善善而惡惡誅姦諛於既死發潛德之幽光是
故春秋成而亂臣賊子懼
又曰春秋大旨其可見者誅亂臣討賊子内中國外
夷狄貴王賤覇而已未必字字有義也想孔子當
時只要備二三百年之事故取史文寫在這裏何

嘗云某事用某法某事用某例耶且如書會盟侵伐大意不過見諸侯擅興自肆耳書郊禘大意不過見魯僭禮耳至如三卜四卜牛傷牛死是失禮之中又失禮也如不郊猶三望是不必望而猶望也如書仲遂卒猶繹是不必繹而猶繹也如此等義却自分明

又曰春秋只是直載當時之事要見當時治亂興衰非是於一字上定褒貶初間王政不行天下都無統屬及五霸出來扶持方有統屬禮樂征伐自諸侯出到後來五霸又衰政自大夫出到孔子時皇

帝王覇之道掃地故孔子作春秋據他事實寫在那裏教人見得當時事是如此安知用舊史與不用舊史今硬說那箇字是孔子文那箇字是舊史文如何驗得更聖人所書好惡自易見如葵丘之會召陵之師踐土之盟自是好本末自是別及後來五覇既衰溴梁之盟大夫亦出與諸侯之會這箇自是差異不好今要去一字兩字上討意思甚至以日月爵氏名字上皆寓褒貶如王人子突救衛自是衛當救當時是有箇子突孔子因存他名字今諸公解却道王人本不書字緣其救衛故書

字孟子說臣弒其君者有之子弒其父者有之孔子懼作春秋說得極是了

又曰問孟子說春秋天子之事如何曰只是被孔子寫在此人見者自有所畏懼耳若要說孔子去褒貶他去其爵與其爵賞其功罰其罪豈不是謬也其爵之有無與人之有功有罪孔子也予奪他不得

又曰或人論春秋以爲多有變例所以前後所書之法多有不同曰此烏可信聖人作春秋正欲褒善貶惡示萬世不易之法今乃忽用此說以誅人未

幾又用此說以賞人使天下後世皆求之而莫識其意曾謂大中至正之道而如此乎

又曰問左傳如何曰左傳一部載許多事未知是與不是但道理亦是如此今且把來參攷問公穀如何曰據他說亦是有那道理但恐聖人當初無此等意如孫明復趙啖陸淳胡文定皆說得好道理皆是如此但後世因春秋去攷時當如此區處若論聖人當初作春秋時其意不解有許多說話擇之說

又曰問三傳優劣曰左氏曾見國史攷事頗精公穀

攷事甚疎然義理却精二人乃是經生傳得許多說話往往都不曾見國史

又曰左氏是史學公穀是經學史學者記得事却詳經學者於義理上有功然記事多悞

又曰左氏好以成敗論人遇他做得來好時便說他好做得來不好時便說他不是這是他大病敘事時左氏却多是公穀却都是胡撰他去聖人遠了只是想像胡說

又曰看春秋且須看得一部左傳首尾意思通貫方能畧見聖人筆削與當時事之大意

又曰問讀左傳法曰也只是平心看那事理事情事勢春秋十二公時各不同如隱桓之時王室新東遷號令不行天下都星散無主莊僖之時桓文迭覇政自諸侯出天下始有統一宣公之時楚莊王盛強夷狄主盟中國諸侯服齊者亦皆朝楚服晉者亦皆朝楚及襄公之世悼公出來整頓一番楚始退去繼而吳越又強入來爭覇定哀之時政皆自大夫出魯有三家晉有六卿齊有田氏宋有華向被他肆意做終春秋之世更沒柰何又問左氏傳合如何看曰且看他記載事迹處至如說道理

全不似公穀要之左氏是箇識利害底人如載劉子天地之中一段此是極精粹底至說能者養之以福不能者敗以取禍便只說向禍福去了大率左傳只道得禍福利害底說話於義理上理會不得又問如載卜妻敬仲與季氏生之類是如何曰看此等處便見得是季氏專魯田氏簒齊以後之書

又曰問今欲看春秋且將胡文定說爲正如何曰便是他亦有太過處蘇子由教人只讀左傳只是他春秋亦自分曉且如公與夫人如齊畢竟是理會

甚事自可見又如季氏逐昭公畢竟因甚如此今

理會得一箇義理後將他事來處置合於義理者

爲是不合於義理者爲非亦有喚做是而未盡善

者亦有謂之不是而彼善於此者且如讀史記便

見得秦之所以亾漢之所以興及至後來劉項事

又知劉之所以得項之所以失不難判斷只是春

秋却精細也都不說破教後人自將義理去折衷

呂祖謙氏曰文章不分明指切而從容委曲辭不迫

而意獨至惟左傳爲然如當時諸國往來之辭與

當時君臣相告相謀之語蓋可見矣亦是當時聖

人餘澤未遠涵養自別故辭氣不迫如此此非若後世專學言語者比也

馬端臨氏曰春秋一書三傳各以其說與經文參錯而所載之經文又各乖異然而左氏爲優葢公羊穀梁直以其所作傳文攙入正經而左氏則經自經而傳自傳又杜元凱經傳序文以爲分經之年與傳之年相附則是左氏作傳與經文本自爲一書至元凱始以左氏傳附經文各年之後是左氏傳中之經文可以言古經矣然獲麟而後引經以至仲尼卒則分明增入杜注亦自以爲春秋本終

於獲麟弟子欲記聖師之卒故依魯史記以續夫子之經而終于此然則旣續之於獲麟之後寧保其不增益之於獲麟前乎

呂大圭氏曰左氏熟於事而公穀深於理葢左氏曾見國史故雖熟於事而理不明公穀出於經生所傳故雖深於理而事多謬二者合而觀之可也然左氏雖曰備事而其間有不得其事之實公穀雖曰言理而其間有害於理之正者不可不知也

又曰宗左氏者以爲丘明受經於仲尼所謂好惡與聖人同乎觀孔子所謂左丘明恥之丘亦恥之乃

竊以老彭之意則其人當在孔子之前而左氏傳春秋者非丘明蓋有證矣或以爲六國時人或以爲左史倚相之後蓋以所載虞不臘等語秦人以十二月爲臘月而左氏所述楚事極詳蓋有無經之傳亦一證也若夫公穀二氏固非親受經者其所述事多是採之傳聞又不曾見國史故其事多謬誤畧其事而觀其理則其間固有精到者而其害於理者亦甚衆此尤致知者之所宜深辨之也

劉安世氏曰公穀皆解正春秋春秋所無者公穀未嘗言之若左傳則春秋所有者或不解春秋所無

者或自爲傳故先儒以爲左氏或先經以起事或後經以終義或依經以辨理或錯經以合異然其說亦有時牽合要之讀左氏者當經自爲經傳自爲傳不可合而爲一也然後通矣

蘇軾氏曰人之於事喜而言之則其言和而無傷怒而言之則其言厲而不濫怨而言之則其言深而不洩此其大凡也春秋於仲孫湫之來曰齊仲孫來於季友之歸曰季子來歸此所謂喜之之言也於魯鄭之易田曰鄭伯以璧假許田於晉文之召王曰天王狩于河陽此所謂怒之之言也於叔牙

之殺曰公子牙卒於慶父之奔曰公子慶父如齊此所謂怨之之言也至于公羊穀梁之傳則不然日月土地皆所以爲訓也夫日月之不知土地之不詳何足以爲喜而何足以爲怒此喜怒之所不在也春秋書曰戎伐凡伯于楚丘而以爲衛伐凡伯春秋書曰齊仲孫來而以爲吳仲孫怒而至于變人之國此又喜怒之所不在也

蘇轍氏曰周之盛時賞罰一於主斷好惡公於人心天子之權未嘗倒持而名分禮義在天下者亦不敢踰柰何東遷之後勢已陵替賞罰之柄不足令

天下然尚有可救者五覇起而合諸侯尊天子葵丘之會伐原之信大蒐之體有足多者至如魯未可動亦以能秉周禮使先王紀綱之遺意綿綿有存者又幸而一時卿士大夫事君行已忠義之節間有三代人才之遺風聖人於此知夫導以名分或使知戒諭以禮義或使知畏故與之善善惡惡賢賢賤不肖而責備致嚴則春秋之作亦其人可得而褒貶歟迨五覇既沒之後春秋之末陵遲愈甚吳越始入中國干戈縱横則中國幾爲夷狄矣當時諸侯皆五覇罪人而先王紀綱遺意與夫人

才遭風掃地殆盡終於田常篡齊六卿分晉聖人於此知夫名分不足以導之使戒禮義不足以諭之使畏雖欲褒貶亦末如之何矣故絶筆獲麟止於二百四十二年噫春秋不復作其人不足與褒貶歟

陳傅良氏曰自昔相傳左傳爲左丘明撰其好惡與聖人同者也其書稱虞不臘矣見於嘗酎及秦庶長皆戰國後制故或疑非孔子所稱左丘明別自是一人爲史官者

又曰丘明夫子以前賢人如史佚遲任之流焚書之

後學者見傳及國語俱題左氏遂引以爲丘明且
左傳國語文體不倫序事多乖定非一人所爲也
蓋左氏廣集諸國之史以解春秋子弟門人見事
迹多不入傳或復不同故各隨國編之以廣異聞
自古豈止一丘明姓左乎
黃澤氏曰學春秋者當以三傳爲主而於三傳之中
又當據左氏事實以求聖人旨意之所歸蓋其中
自有脉絡可尋但人不肯細意推求爾
趙汸氏曰左氏之非丘明前輩多疑之其最不掩者
有曰虞不臘矣世未更秦未有臘名是不獨不與

夫子同時亦恐世數相去差遠矣又況其託說於
君子曰者乃明出左氏臆見故如指采蘩采蘋爲
風援引頌文而冠商魯其上皆春秋以後語非如
季札所列是其魯府古藏本真也
汪克寬氏曰左傳所載諸國事春秋不書者甚多如
王殺周公黒肩王子克奔燕陳陀殺大子免鄭殺
昭公及子亹子儀衛成公殺叔武曹公子負芻殺
大子之類皆當時不告于魯魯史不書於策故春
秋不得而書非削之也葢左氏所據者春秋之史
而夫子筆削據魯國之史宜其詳畧不同也

王鏊氏曰左氏疏春秋載二百四十二年列國諸侯征伐會盟朝聘宴饗名卿大夫往來辭命則具焉其文藎爛然矣於時若臧僖伯哀伯晏子子產叔向叔孫豹之流尤所謂能言而可法者下是則疆埸之臣有若展喜呂飴甥賓媚人解揚奮揚蹶由方伎之賤有若史蘇梓慎裨竈蔡墨醫和緩祝鮀師曠夷裔之遠有若郯子支駒季札聲子沈無戌遠啓疆閨門之懿有若鄧曼穆姜定姜僖負羈之妻叔向之母皆善言焉於戲其猶有先王之風乎其詞婉而暢直而不肆深而不晦精而不假鑱削

或若剩焉而非贅也若遺焉而非欠也後之以文名家者孰能遺之是故遷得其奇固得其雅韓得其富歐得其婉而皆赫然名于後世則左氏之於文可知也已而世每病其誣蓋神怪妖祥夢卜讖兆之類誠有類於誣者其亦沿舊史之失乎雖然古今不相及又安知其果盡無也然余以哀公而後文頗不類若非左氏之筆豈後人續之耶未可知也

黄省曾氏曰昔左氏羅集國史實書以傳春秋其釋麗之餘溢爲外傳是多先王之明訓自張蒼賈生

馬遷綜表以來千數百年播誦於秇林不衰世儒雖以浮誇闊誕者爲病然而文詞高妙精理非後之操觚者可及善乎劉生之評謂其工侔造化思涉鬼神六經之羽翮而述者之冠冕也不其信歟

湛若水氏曰聖人之心存乎義聖人之義存乎事春秋之事存乎傳夫經識其大者也夫傳識其小者也夫經竊取乎得失之義則孔子之事也夫傳明載乎得失之迹則左氏之事也後之知春秋者莫如孟子孟子曰晉之乘楚之檮杌魯之春秋一也其事則齊桓晉文其文則史孔子曰其義則丘竊

取之矣夫其文則史經之謂也其事則齊桓晉文傳之謂也合文與事而義存乎其中矣竊取之謂也義取於聖人之心事詳乎魯史之文夫春秋魯史之文與晉之乘楚之檮杌等耳然而後世之言春秋者謂字字而筆之字字而削之若然則烏在其爲魯之文哉

唐順之氏曰大宗伯以賓禮親邦國而以閒會發四方之志天子巡守諸侯既朝則設方明而盟是會盟者天子之權也其或不出於天子而私會私盟者罪也故春秋凡書會書盟者皆罪之諸侯朝於

天子而諸侯之自相與也有聘禮無朝禮凡其不朝於天子而私相朝者罪也故凡春秋之書如書朝者皆以罪其朝者與其受朝者九伐之法掌於司馬而天子賜諸侯弓矢斧鉞然後得顓征伐雖其顓之亦必其臨時請命於天子而後行是侵伐者天子之權也其不出於天子而私侵私伐者罪也故凡春秋之書侵書伐者皆罪之諸侯之大夫公子雖其有罪必請於天子而後刑殺焉其不請於天子而顓殺者罪也故凡春秋書殺大夫殺公子者皆罪之夫侵伐有貪兵有憤兵有應兵有討

不睦有以夷狄侵中國有以中國攘夷狄有中國借夷狄而戕中國者故戰有彼善於此者要之無義戰盟會有解讐有固黨有同欲相求有同力相援有同患相恤有以夷狄受盟有以夷狄主盟者故會盟有彼善於此者而要之無義會義盟殺大夫有誅叛有討貳有愎諫有借以説於大國有爲強臣去其所忌故殺大夫有彼善於此者要之無義殺是故春秋自于稷澶淵兩會之外並不書其故而至於盟會侵伐則絕無一書其故者非畧也以爲其會其盟其侵其伐其戰旣足以著其罪矣

不必問其故也殺大夫必名亦有不名而但書其官如宋人殺其大夫司馬者亦有併其官不書如曹殺其大夫者此非畧也以爲義繫乎其殺之者而不繫乎其殺者義繫乎其殺之者則其殺也足以著其罪矣義不繫乎其殺者則不必問其爲何人與其爲有罪無罪焉可也說春秋者不達其意而瑣爲之說曰其會也以其故殺某大夫也以某故至於盟戰侵伐亦然是皆無益於春秋也而徒爲蛇足之畫者

又曰天下之勢愈下而春秋之治之也愈詳桓僖以

前列國之大夫惟特使而與魯接者則名之而會盟侵伐則大夫未有以名見者夫救徐大夫特將也翟泉大夫特盟也春秋第曰人曰大夫而已不以名見也若此者非略也以爲不繫乎大夫也文宣而下侵伐會盟大夫未有不以名見者雖溴梁之會其君在也而大夫盟書雞澤之盟君既盟也而大夫盟書若此者非煩也以爲繫乎大夫也不繫乎大夫雖夷吾隰朋狐偃趙衰之勳且賢未嘗以名見焉繫乎大夫雖劣如欒黶荀偃髙厚華閱則瑣瑣以名見焉不繫乎大夫雖其君不在而大

夫特盟則亦弗詳焉翟泉是矣繫乎大夫雖其君在而大夫綴盟則亦詳焉溴梁雞澤是矣不繫乎大夫雖主帥亦畧而人之桓僖以前侵伐書人者是矣繫乎大夫雖偏裨亦牽連而名之鞌之戰是矣其弗詳大夫者以專治諸侯之為亂賊也其詳大夫者以併治大夫之為亂賊也說春秋者不達其義而曰人大夫貶也夫書人為貶彼壓闕之徒以名見者乃為褒也耶惟曹薛滕許之大夫始終書人說春秋者曰小國無大夫非也夫此數君者且為人役之不暇而未嘗敢執天下之權也而況

其大夫乎盖不繫乎其大夫是以終始人之而弗
詳今曰書人爲貶則曰齊晉諸大國之大夫偏受
褒而曹薛滕許之大夫偏受貶耶
楊時秀氏曰昔者孔子作春秋乃其特筆而微詞奥
義尤爲難識故讀是經者非讀傳不可焉但史傳
之文多騁華藻文浮於實或與經背則讀者捨經
而認傳亦不可也漢初載籍始出聖經與三傳各
自成書於是遺經認傳自相專門而聖經漸以敉
矣至宋胡安國發明大義傳心要典所得維多業
是經者皆宗之盖遵　明制也第惟窮鄉下邑之

士讀聖經矣讀胡傳矣而鮮能復讀左傳一或詰之則茫然不知事之本末是又讀經不讀傳之獘也吁謂之通經可乎哉

凌約言氏曰學春秋者當考究書法前後異同詳畧以見夫子筆削之旨事合而書法異書法同而事異正是夫子特筆處

又曰學春秋者必先考據古傳故實然後可求夫子書法能考據故實而不得書法者間有之未有不考據故實而能得書法者也

孫應鰲氏曰左氏傳世未有不稱矣者豈非以其羽

翼聖經耶故論世則世核綜變則術該辨理則意
容程藝則旨深信樞管文字莫能相爲競高矣
王世貞氏曰昔孔子因魯史以作經而左氏翼經以
立傳其所注記葢列國詞命載書訓戒諫說之辭
也商畧帝王包括宇宙該治亂蹟善敗按籍而索
之斑斑詳覈奚翅二百四十二年之行事其論古
今天道人事備矣即寥寥數語靡不悉張弛之義
暢彼我之懷極組織之工鼓陶鑄之巧學者稍稍
掇拾其芬艷猶足以文藻群流黼黻當代信文章
之巨麗也

汪道昆氏曰作者之謂聖非聖不經夫聖孔子不居猥云不作于時王迹熄矣則曰吾志在春秋春秋王者事也抑亦聖者事也故位在則禮樂征伐道在則經士無當於道而齒聖經是無將也說春秋莫良於左氏夫非聖人之徒與其時紛爭其人倬詭其辭蓀大其事奇褒比事屬詞爍然不倍於道狁之百揆三事奉天子之禮樂征伐以紀四方謂之素臣有以也然有作者宜居亞稼之間近世祧之而躋康侯知管晏而已矣

王維楨氏曰左氏釋經雖簡而博通諸史敘事尤詳

能合百代之下頗見本末其有功於春秋爲多

李時成氏曰世之談者云左氏艷而富其失也誣意亦以敬仲之占蘇史之繇申生之託狐突諸數事爲左證驗而故入以誣獄耶是大不然蓋左紀事書也事以紀文情因事顯事可見情不可見事可盡情不可盡可見可盡者書之不可見不可盡者存之存之者俟後博雅君子推類而識取之也譬之相馬者然辨毛色別齒牙卽使臧獲當之罔有遺照乃若求神氣于驪黄牝牡外則非九方皋未易能焉甚哉識之難也左之爲史也其有所因乎

事因舊而情則倏焉其以誣書耶特毋尤彼誣耶彼方以誣尤彼我又坐彼以誣殆蕉鹿所爭夢中說夢而據堂判案操兩造而持衡者又一夢耶嗟哉嗟哉左負屈蓋千載矣姑無他論即趙盾許世子諸獄仲尼修經悉取裁焉乃有耻巧言令色足恭者而顧自爲此誣艷書哉必不然矣然則左葢經教也以文章令甲視彼者毋乃卑卑乎

左氏傳測義

02

自一
至三

讀春秋左傳測言

愚按春秋傳例可信乎傳稱諸侯卒惟同盟例書名則間有不同盟而名者傳稱君出例書至則間有出而不至者若此類必欲一求合恐聖人不若是泥也傳例不可信乎傳稱書不書先書故書大書特書之類大義斑班可據假令春秋無例疇非作者奚竢聖人恐又不若是疎也竊謂周自東遷來政令不行天下漫無所統此一春秋也既而桓文迭霸

列國壹禀其約束則政始移於諸侯此又一春秋也既而楚及吴越以夷狄争霸則中國寖衰而魯三桓晉六卿齊田氏宋向華輩專擅主柄政遂移於大夫此又一春秋也惟春秋時不同故孔子作春秋亦隨時而異其例微詞與義雖隱而不章而二百四十二年予奪進退美刺之旨已昭然句字之表善學者下上其時而取變例於正例之外則無所書而不為例者如徒拘拘以一字軒冕片言斧

鉞甚至於日月壽氏名字間求得作者微奥
而曰此皆聖人予奪進退美刺意也豈不悖
哉諸說紛如惟程子所謂時措從宜朱子所
謂自將義意折衷此兩言庶幾得聖人之心
又按左氏公羊穀梁各以其說傳春秋記事多
所同異如夫人子氏薨左曰仲子公以為隱
母穀以為隱妻禘于太廟用致夫人左曰哀
姜公以為立妾母穀以為立妾爲妻噫此兩
夫人爾妻之母之嫡之妾之生之死之迄無

定說讀者難焉竊謂左氏時當春秋古書未燼諸史具在而又親承聖教故其所傳原始要終皆得故實若二氏去聖既遠而且經秦之後書史皆亡其所稱述或出傳聞或由意揣雖得意義終屬不根辟之經結案也左氏文卷也若二氏則後之照刷據案與卷而以己意參駁其間者安得以流傳之說與親見者爭異同乎或曰然則公穀槩不足信與黄澤氏謂當據左氏事實而兼採公穀大義斯

言最為切當或又曰然則胡康侯豈容喙與
此
貽代所遵也朱子蓋嘗論之便是他亦有太過
處
又按三傳所載經文亦各乖異事同字異如儀
父盟蔑盟眛之類事字俱異如尹氏卒君氏
卒之類馬端臨氏謂公穀直以其傳攙入正
經而左則經自經傳自傳至元凱始以左傳
附經文後據此當知三傳惟左氏經文足稱

古經若其所書孔丘卒則絕筆後弟子增入

非古經矣

又按左氏記事每於經文未合如經書晉殺其

君州蒲而傳曰書偃所使果其書偃孔子豈

為弒逆者分其惡於國人經書齊侯陽生卒

而傳曰齊人殺悼公果其齊人孔子豈故隱

其弒逆之惡經書取子糾殺之齊人也而傳

曰魯殺子糾則論語何以云齊桓公經書衛

良夫帥師侵宋晉命也而傳曰晉欲襲衛政

恐當時諸侯雖稱狙詐亦不至是噫傳以羽翼聖經詳其故實云爾迺其所載間復自異即令别有私考終屬非真不者孔子曰魯史筆削豈其不據事直書而顧迂回隱匿若此要當以經文為正

又按孔子曰多聞闕疑又曰史闕文愚觀春秋間多闕而可疑如魯桓即位以後十四年經不書王説者歸咎天王失討叛逆則他叛逆之失討何限何以當其年槩得書王鄭之伐

許經初書國號巳即書爵說者謂號以狄其
國爵以甚其罪則他國之侵伐者何限何以
書法不為軒輊陳侯鮑卒經書甲戌己丑傳
以爲再赴則孔子豈不據實而書經書紀子
帛莒子盟于密帛字之義不解則其間必及
字與字之悞若此類非魯史之故闕即春秋
成後傳者訛之試觀夏五不書月郭公不書
事此非有故餘可類推故愚謂春秋有疑焉
者宜闕之闕之尊之也不泥其闕委曲而以

意文其辭悞後世非尊春秋者也朱子謂春秋自有無定當處正指此

又按傳文多有誤字如傳稱晉滅潞獲僑如之弟焚如齊襄公二年齊獲其弟榮如夫晉之滅潞去齊襄之二年百有餘歲其弟寗得尚存疑是襄字之誤故史記諸世家並稱惠公文十八年傳稱莒僕因國人以弒其君夫僕既通乎國人寧不自立而顧来奔疑是以字之誤故吳臨川謂當作之字僖二十四年傳

稱重耳使殺懷公夫重耳當里克迎立猶辭不赴豈應復爲弑逆故於春秋之不書疑其字必有誤或謂此即夷吾弑卓之事襄二十四秊傳稱衛文子入見蘧伯玉夫伯玉與孔子同時不應此時已列爲卿故疑左氏誤記其名或謂當是他人之賢者若此顯不一不得仍傳字之誤而失事之實蓋已詳於傳注後云

又按左氏所記述孔子語如趙盾弑逆曰越竟

乃免洩冶死諫引詩曰無自立辟鮑子以直言刖足何損於知而顧短之冉有用矛於齊師是不為義而顧稱之若此類疑是左氏斷以己意托為聖言不者寧無當乃爾與稱君子曰同例

又按左傳為文章之冠亡論他名家無能仰窺藩籬即太史公稱良史才其所規畫變化亦不越其矩度迹其首尾起伏近在一篇方之開闔張弛包括全傳者分量似別嗣則斑書

步驟太史范書摹擬兩家蓋淵源有自矣而說者往往病其誣蓋據其所紀妖祥夢卜鬼怪神奇一一響應似屬浮誇然變幻非可理推古今自不相及安知事果盡誣非沿舊史失耶惟是專以利害成敗論人故先為異說於前以著其驗此朱子亦得以大病訾之爾

又按世稱左傳為丘明所著其說自班馬劉杜諸家及考啖趙二氏謂丘明既與孔子同時不應孔子沒已多年猶得記趙襄子謚朱子

謂觀孔子左丘明恥之丘亦恥之語意其人當在孔子前則左氏傳春秋者非丘明蓋有證矣故說者以為六國時人蓋以所載虞不臘語至秦始稱臘月也則臘取臘祭之義秦以前已有此字已有此名矣又以為楚左史倚相後故述楚事極詳不知事詳大國小國之事易舉史體宜爾竊觀左氏文豐潤華豔自是春秋文體絕無戰國麁豪氣習迹其記事之詳疑是史官信聖之篤疑是孔門弟子

又考戴宏序所載公羊氏五世傳春秋因疑
左氏當是世史其末季傳文亦疑是子孫續
而成之者以故通謂之左氏而不著其名理
或當然也蓋朱子曰傳中無丘明字陳止齋
曰左氏別自是一人為史官者又曰自古豈
止一丘明姓左意正如此
又按杜注左傳多所錯誤如僖二十五年注以
壺飧從徑句餒而弗食句夫徑道也謂適中
餓不得食也傳遜氏謂徑字當屬下讀僖三

十三年註奠僖公緩句作主句夫僖以十二月薨明季四月奠不得云緩劉敞氏謂緩字當屬下讀文十三年傳繞朝贈之以策註策爲馬撾則馬撾非所寄意以示情者楊慎氏謂是書策之策文八年傳司馬握節以死註節爲符信則六卿居官非出使沘安得有節啖助氏謂是節義之節若此類更僕未易數不佞參之衆說酌有徵據而後以己意折之衷悉爲釐正詳於註云

輯春秋左傳凡例

凡註世稱元凱左氏忠臣雖訾其畧逥孔之註踈林之句解冗屑可厭朱之句解刪割無根類編之分國左粹屬事之分類糾棼靡辯讀者難之不佞摭拾羣言合之鄙臆會而成註先訓字後句解淺近者畧之善盡出諸家則各冠以本氏大都崇元凱云

凡註引用如公羊穀梁胡氏程氏四傳發明左傳可裨印證國語管子越絕書晏子春秋吳

越春秋補其闕畧史記大事記廣其故實易詩書周禮儀禮禮記遡其源委以至白虎通風俗通韓詩外傳博物志諸集亦間有採摘悉入註中仍各題其本書云

凡評不佞所摭如大全會通屬詞私考經世辯疑事義題評之類必其識意正大不狃常聞牵成説者然後録之標其本氏間嘗僣贅一言題曰愚按附於註後別之以圈蓋於傳詳而於經畧云

凡分章原本每年一經一傳始自林氏集傳一事分為一章別之以圈然間多一事而兩分與兩事而不分者不倿詳考而釐正之至其有經而無傳者於經文下註曰無傳昉之杜氏有傳而無經者於傳文上註曰附錄昉之大全

凡分節舊本一句一解節瑣亡論其稱善本者惟意所至短則嵌註句中長則累牘不少置漫無取裁殊乏之義例不倿每傳分節或其一

說之竟或其一事之終始末首尾不俾混淆宜分倫於一二句不可截豊於數十言庶幾按節而讀無竢推尋而已得其指趣之梗云

凡音字如大作泰帥作率馮作憑免作問假借之類頗難辯識故旣傍圈之復音註之若共重聲平又長聲上好惡聲去說樂聲入轉注之類易於意會故僅爲傍圈不盡音註葢悉考之說文海篇正韻廣韻云

凡季號首紀周尊王也次紀列國於魯下本魯

史也僅紀元年舉其端而餘可悉數也若小國則經傳所畧不可勝紀

凡世系舊本僅紀魯十二公則周王洎晉楚以下諸大國故實經傳靡不具載奚庸重輕不佞以故詳考史記諸世家年表謚法洎通鑑前編大事紀人代紀要東坡指掌圖分國紀之名曰王侯世系附之卷首諸小國不槩及

凡名號左氏書不一名若字若爵若謚若食邑四五其稱記者苦之舊有纂歸一圖者錯雜

倒置不佞復為益損之一人別以一圈名曰名號合異籍附之卷首僅一名稱者不載

凡地名元凱註考自當日不配今時覽者莫識不佞詳考山海經水經一統志廣輿志郡縣沿革所載及私考事義屬事諸已訂定今地者核實配入註中疑者闕之仍分國總錄卷首名曰地名配古籍庶俛察者易於案索云

蓋不佞幺麼輒不自分妄校史漢業已竣事矣迺壬午湯游湖海瀛然道次偶出笈

中所習春秋左傳者數種檢閱一過則念其章句未及節分注釋未嘗綂貫而諸儒傳議散佚載籍者蒐涎麋萃一楮而會通之俾讀者一目無留憾也於是復不自分後志編摹竊義則如測言所擬綴述則如凡例所條悉本成說者什而二三參酌胸臆者什而七八稿既脫而覆錄校方徧而更研荏苒寒暑五更于是題曰春秋左傳註評測義較昔所輯史漢董董究心品騭

馬者勞悴逕庭奚顧不佞慚非忠臣謬成
左僻豈曰良工徒馬心苦猥不鏡機馬蹄
湧爾嬰情鷄肋閱覽先生儻曰以蠡測海
是夫奚庸嘵嘵為則不佞不敢詭曰非知
已者
萬曆丁亥仲冬朔日吳興後學淩稚隆以棟
父識於水霞館之枕石所

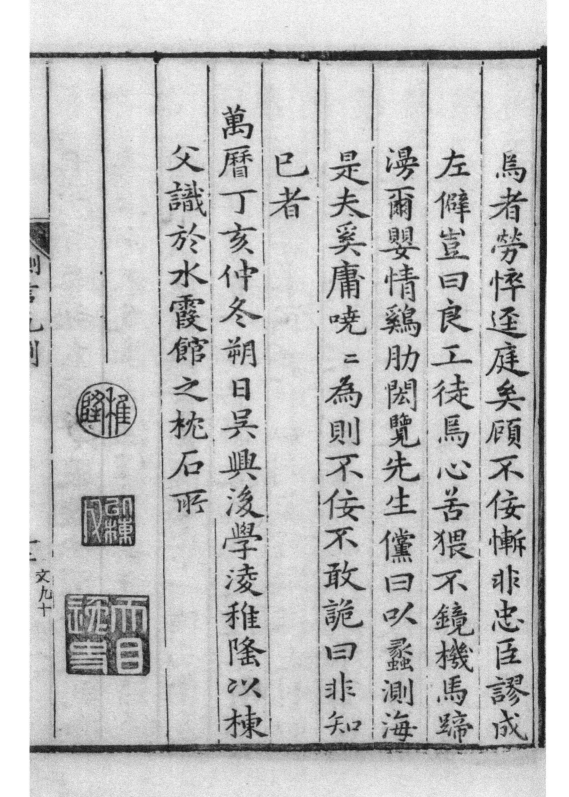

春秋左傳註評測義目録

目錄終

春秋左傳註評測義卷之一

明吳興後學淩稚隆輯著

隱公一

公姬姓侯爵周公子伯禽始封於曲阜今爲山東曲阜縣傳世十三而至隱公名息姑惠公庶長子母聲子攝主國事在位十有一年謚法不尸其位曰隱○鄭樵氏曰周家之興歷年八百夫子以前四百載西周之事托之詩書以後四百載東周之事托之春秋而隱公元年實爲後四百始年此春秋所以不得不始隱也○程子曰平王東遷在位五十一年卒不能復興先王之業王道絕矣孟子云王者之迹熄而詩亡詩亡然後春秋作適當隱公之初故始於隱公○趙汸氏曰孔子作春秋平王以前不復論者以其時天子能統諸侯故也始於平王者所以救周室之衰微而扶植綱常也

【傳】附録 惠公元妃孟子。孟子卒。繼室以聲子。生隱公。宋武公生仲子。仲子生而有文在其手。曰爲魯夫人。故仲子歸于我。生桓公。而惠公薨。是以隱公立而奉之。

元妃始適夫人也孟字子宋姓無子諸侯始娶則同姓之國以姪娣媵一娶九女無再娶之義故元妃薨則以姪娣爲繼室不得稱爲夫人聲謚也蓋孟子之姪娣也生隱公宋國今爲河南歸德府婦人謂嫁曰歸凡曰我者皆指魯也仲子生而其手之文理有爲魯夫人之字若有天命故惠公聞而娶之生桓公巳而惠公薨隱公以手文之故追成父志爲桓尚少故立爲大子帥國人而奉之○愚按左氏先發此傳爲經元年不書公卽位起本此杜預氏所謂先經以始事也○趙汸氏曰傳於纂公子皆詳其母貴賤與君父寵愛之私以見禍亂所由起○邵寶氏曰聲子娣也故疑於妾而不知禮之有攝也仲子娶也故疑於嫡而不知禮之無再娶也此說者所以紛紛也

經 己未周平王四十九年

元年。陳桓公二十三年杞惠公一年宋穆公七年齊僖公九年秦文公四十四年晉鄂侯二年楚武王十九年衛桓公十三年蔡宣公二十八年鄭莊公二十二年餘小國皆不錄

春王正月。元年魯公元年也王周王也周王以建子之月為正月即以為春蓋令之十一月也孔子因魯史作春秋年則魯公之元年春則周王之正月見周之正朔猶行于天下也無事必書首時謹始也孔頴達氏云一年之正惟一書王若正月書王則二月不復書王二月書王則三月不復書王○愚按春王正月諸傳皆無定說左氏以正月為建子是矣而畧于春字之義何休氏以斗指東方為春是矣而畧于正月之文公羊穀梁皆無論焉漢唐諸儒則直以周孟春為建子之月矣迺宋諸儒始有三代改正朔不改時月之說故程子謂春秋虛立春字于正月之上以示行夏時之意而胡氏遂因之獨張洽氏引劉歆天統地統人統洎陳寵三陽三正之說謂月之建子即以為春其理已明迨近世諸先正改月改時之辯其說遂定愚故備錄於下○趙汸氏曰月為周月則時亦周時孔氏謂月改則春移是也後

徐禎

於僖公五年春記正月辛亥朔日南至昭十七年夏六月記大史曰在此月也日過分而未至春夏秋冬之序則循周正分至啓閉之候則仍夏時其經書冬十月雨雪春正月無氷及冬十月隕霜殺菽之類皆爲記災可知矣然胡傳以爲夏時冠周月者則疑建子非春而孔子嘗欲行夏之時也陳龍傳云陽氣始萌天以爲正周以爲春陽氣上通地以爲正殷以爲春陽氣已至天地已交萬物皆正人以爲正夏以爲春三陽雖有微著三正皆可言春孰謂建子非春乎乃若夫子答顏淵爲邦之問則與作春秋事異蓋春秋即當代之書以治當代之臣子不當易周時以惑民聽爲邦爲後王立法故舉四時禮樂而酌其中夫固各有攸當也如使周不改時則何必曰行夏之時使夫子果欲用夏變周則亦何以責諸侯之無王議桓文而斥吳楚哉○王守仁氏曰春秋書元年春王正月說者或以爲周雖建子而不改月或以爲周改月而不改時其最爲有據而爲世所宗者則以夫子嘗欲行夏之時故以夏時冠周月蓋見諸行事之實也噫若世儒之論是後世任情拂理者之爲而謂聖人爲之耶夫子嘗曰吾從周又曰非天子不議禮不

制度仲尼有其德無其位而改周之正朔是議禮制度自已出矣其得爲從周乎盍爲是説者以伊訓之書元祀十有二月而證周之不改月以史記之稱元年冬十月而證周之不改時夫商而改月則伊訓必不書曰元祀十有二月秦而改時則史記必不書曰元年冬十月周不改月與時也則春秋亦必不書曰春王正月春秋而書曰春王正月則其改月與時又何疑焉或曰如子之言則冬可以爲春乎曰何爲而不可陽生於子而極於巳午陰生於午而極於亥子自一陽之復以極于六陽之乾而爲春夏自一陰之始以極于六陰之坤而爲秋冬武王周公其論之審矣○唐順之氏曰四時改易冬不可以爲春之疑但以夫子行夏之時一言證之足矣夫時之一字非但指正朔月數言必是指春夏秋冬四時言甚明既有所謂夏之時則必有所謂商之時周之時矣顏子問爲邦夫子欲其行夏之時則是當時所行未必是夏時也未是夏時非周之時而何夏之時以建寅之月爲春則周之時必是建子之月爲春矣若周之時春亦建寅無以異于夏時者則又何以必曰行夏之時爲哉○王世貞氏曰或問春王正月夏時冠之然歟

曰否否正朔天下之首政也春秋以止亂也而身亂之其何以訓

〇三月。公及邾儀父盟于蔑。凡稱公皆指魯公也魯侯爵而稱公臣子尊君之詞及自此及彼也凡內爲主書及外爲主書會邾魯附庸國今爲山東鄒平縣儀父字蔑魯地在今山東泗水縣境此經書私會之始也父音甫蔑亾結反

〇夏五月。鄭伯克段于鄢。鄭國今爲河南新鄭縣鄢鄭地今爲河南鄢陵縣鄢音偃〇朱子曰春秋一發首不書即位君臣之事也書仲子夫婦之事也書及邾盟朋友之事也書鄭伯克段兄弟之事也一開首人倫便盡在

〇秋七月。天王使宰咺來歸惠公仲子之賵。天王周平王也係王于天見天子當奉若天道而行天之命也宰官咺名來者自外而至歸者不反之辭不曰夫人而曰仲子妾稱也助喪之物車馬曰賵貨財曰賻衣服曰襚珠玉曰含咺音喧賵芳鳳反

〇九月。及宋人盟于宿。內稱及外稱人而不名非大夫也宿小國今南直隸宿州杜預氏云凡盟以國地者國主亦與盟例在僖十九年此經書私交

之始也○林堯叟氏曰魯宋宿三國共爲盟參盟之端見矣憂參盟故錄其所從始○冬十有

二月。祭伯來。祭國伯爵今河南鄭州有祭城畿內諸侯爲王卿士者直書曰來見周室法度至此蕩然故特去其朝以存內外之防也【祭】齊去○公子益師卒。益師魯大夫諸侯之卿非受命于天子皆不書官不與其爲卿也稱公子以公子故使爲卿也卿卒必書貴大臣也書內大夫卒而畧外大夫所以別內外也

【傳】元年春王周正月。不書即位。攝也。言周正月以見建子且明非魯正月也隱公攝持國政不行即位之禮故經不書隱公即位○愚按公羊謂隱公之立爲桓立也穀梁謂不書即位將以讓桓也說者因非左氏以爲諸侯無攝考禮記孔子云古者天子諸侯卿大夫世子未生而死若生而弱未能君也則其娣姪之子次當立者爲攝主以此言之隱公蓋攝主也何得非左氏○

三月。公及邾儀父盟于蔑。邾子克也。未王命。故不書

爵。曰儀父貴之也。子爵克名時未賜命故不爵能自通于大國故貴以字名例在莊五年○趙汸氏曰此見春秋之初諸侯猶稟王命公攝位而欲求好於邾。故爲蔑之盟。解魯邾所以盟盟蔑之故○附錄夏四月。費伯帥師城郎。不書。非公命也。費伯魯大夫郎魯地今爲山東魚臺縣凡非君所命爲之事不得書之于策故經不書城郎他倣此（費）音秘○趙汸氏曰左氏世爲國史凡經不書而簡牘有據者悉取以爲傳其經首所發不書之義皆史例也外事如崩薨卒葬盟會侵伐勝敗禍福經不書而未得其說者闕亦推史例以釋之蓋其所知者惟此而已由策書正史夫子所據以施筆削者左氏亦未及見故不能有所發明此經旨失傳之由也○初鄭武公娶于申。曰武姜。生莊公。及共叔段。莊公寤生。驚姜氏。故名曰寤生。遂惡之。愛共叔段。欲立之。凡言初者因此年之事而追本其所自始也申國今爲河南南陽縣姜申姓從夫謚故曰武姜共國今爲輝縣叔段後出奔共故曰共叔段寤生杜預氏謂寐寤而莊公已生果爾生甚易何得驚而惡之風俗通云兒墮地未能開目視者爲寤生又史記云生之難是也〔廿六〕音恭〔惡〕去聲亟請於武公。公弗許。亟數也數請立段爲大子也及莊公即位，爲之請制。公曰：制，巖邑也。虢叔死焉。他邑惟命。虢叔東虢國君今爲河南陝州等縣制鄭邑今爲汜水縣一名虎牢虢叔恃制巖險而不修德鄭滅之恐段亦然故莊公不從母請然莊之意實忌段恐居巖險而難制也〔爲〕去聲〔虢〕肱入請京，使居之，謂之京城大叔。祭仲曰：都城過百雉，國之害也。先王之制，大都不過參國之一，中五之一，小九之一。今京不度，非制也。君將不堪。公曰：姜氏欲之，焉辟害？對曰：姜氏何厭之有？不如蚤爲之所，無使滋蔓。蔓，難圖也。蔓草猶不可除。況君之寵弟乎。公曰。多行不義。必自斃。子姑待之。

京鄭邑今爲河南滎陽縣謂之京城大叔所以寵異之也祭仲鄭大夫凡邑有宗廟先君之主曰都城方丈曰堵三堵曰雉一雉長三丈高一丈侯伯之城方五里徑三百雉故其大都不得過百雉參國之一三分國城之一也中中邑小小邑不度不合三等法度也不堪恐爲害也所處也蓋欲以討區處之也杜預氏謂使得其所宜則是愛段而生全之非也滋益蔓延也不義不忠於君也斃踣也言叔段遽有大邑多行不義之事必自斃踣所謂惡不積不足以滅身也〔大〕音泰下同〔辟〕音避〔厭〕去聲〔蔓〕音萬〔祭〕則界反〔參〕音三

既而大叔命西鄙北鄙貳於己。公子呂曰。國不堪貳。君將若之何。欲與大叔。臣請事之。若弗與。則請除之。無生民心。公曰。無庸。將自及。

鄙鄭邊邑兩屬曰貳公子呂鄭大夫言國家政令當歸于一不可使其民兩有所屬以生離異蓋激公而使之蚤除也庸用也言無除之彼將自及

於禍也大叔又收貳以爲巳邑。至于廩延。子封曰。可矣。厚將得衆。公曰。不義不暱。厚將崩。廩延鄭邑今爲河南延津縣前所兩屬者大叔又收以爲巳邑至于廩延則所侵愈多矣子封即子呂曰可矣者言可以正其罪而除之也厚廣大也暱親也言不義之人不爲衆所親暱雖土地廣大而民心不附將如墻屋無基自然崩壞杜預氏以不義爲不忠于君不暱爲不親於兄非也〔暱〕音昵

大叔完聚。繕甲兵。具卒乘。將襲鄭。夫人將啓之。公聞其期。曰。可矣。命子封帥車二百乘以伐京。京叛大叔段。段入于鄢。公伐諸鄢。五月辛丑。大叔出奔共。完完城郭也聚聚人民也繕治也步曰卒車曰乘掩其不備曰襲夫人即武姜啓開也言將開導而內應之也〔乘〕去聲○黃幹氏曰鄭莊公無孝友之誠心又不明于子奪之大義故勉強以狥其母而處心積慮以殺其弟也使有孝友之誠心而又明於子奪之大義則必能

委曲順承而區處得宜如舜之於象矣　書曰。鄭伯克段于鄢。段不弟。故不言弟。如二君。故曰克。稱鄭伯。譏失敎也。謂之鄭志。不言出奔。難之也。凡稱書曰者先述經文而後釋其義也段不盡弟道故經不書弟段又强大儁傑與莊公如二君然故經書曰克經首書鄭伯克段不爲之諱譏公養成弟惡失教弟之道也謂之鄭志者言莊公養成叔段之惡而後伐之是志在于殺弟也經不書叔段出奔以鄭伯志在殺弟難言其奔也遂寘姜氏于城潁。而誓之曰。不及黃泉。無相見也。既而悔之。潁水原出河南登封縣至襄城縣爲潁河潁考叔爲潁谷封人。聞之。有獻於公。公賜之食。食舍肉。公問之。對曰。小人有母。皆嘗小人之食矣。未嘗君之羹。請以遺之。公曰。爾有母遺。繄我獨無。潁考叔曰。敢問何謂也。公語之故。且告之悔。對曰。君何患焉。若闕地及泉。隧而相見。其誰曰不然。潁谷卽城潁之谷封人典封疆者舍置也爾雅肉謂之羹受食而不啜羹欲以發莊公之問也繫語助敢問何謂者佯爲不知而設疑也闕掘也隧地中道也言莊公若掘地使及黃泉爲地中隧道以見母是亦及黃泉也（繄）音衣（闕）音掘○何孟春氏曰考叔於此直就倫理諭之違逆誓而歸順德其誰曰不然而必爲泉隧以文其奸吾無取焉爾矣公從之。公入而賦大隧之中。其樂也融融。姜出而賦大隧之外。其樂也洩洩。遂爲母子如初。賦賦詩也以入故賦隧之中融融和樂也以出故賦隧之外洩洩舒散也孔潁達氏謂當時所賦之詩有此辭傳故畧而言之是亦一說（樂）音洛（洩）音曳君子曰。潁考叔純孝也。愛其母。施及莊公。凡稱君子曰者蓋當時採取君子之言或左氏斷以己意者也愛其母舍肉遺之也施及莊公能感悟莊公也（施）伊去詩云。孝子

禎

不匱。永錫爾類。其是之謂乎。詩大雅既醉篇言孝子之心無有窮盡又能以已之孝感君之孝是能錫及其儔類也是指考叔言杜預氏云詩人之作各以情言君子論之不以文害意故春秋傳引詩皆不與今說詩者同他倣此○秋七月。天王使宰咺來歸惠公仲子之賵。緩。且子氏未薨。故名。惠公葬在春秋前故曰緩子氏即仲子薨在明年故曰未薨王朝公卿書官大夫書字上士中士書名下士書人咺乃六卿書名貶之也○季本氏曰咺小臣攝冢宰以行故從王命辭而稱名觀今之使外國者假一品服色以重其事則此容或有之若以爲春秋特貶而書名當時不以名來便訪問其名而書之于策恐聖人不如此也天子七月而葬。同軌畢至。諸侯五月。同盟至。大夫三月。同位至。士踰月。外姻至。賵死不及尸。弔生不及哀。豫凶事。非禮也。軌車轍也同軌者天下一統車轍之度無不同也同盟者同方岳之盟也踰過也言天子崩七月而後葬雖四海之廣同軌諸侯皆至矣諸侯五月而後葬遠近方岳同盟會者可至矣大夫三月而後葬同位之人或行役于外者可至矣士過月而後葬在外之親戚可至矣尸者未葬之稱哀謂始死而哭泣之也凡賵賵死者而不及其尸之未葬弔慰生者而不及其哀之方切則遲而不及于事此申言緩字凶喪也豫凶事言人未死而先爲凶喪之事此申言子氏未薨○朱子曰仲子未死而來歸其賵蓋天子正以此厚魯古人却不諱死即今人造生壙生墓亦何嘗諱死耶○趙汸氏曰惠公失禮再娶仲子蓋嘗假寵於王命以爲夫人故王室知有仲子仲子得與惠公並稱蓋王室已嘗名之曰魯夫人也然失禮甚矣○附錄

八月。紀人伐夷。夷不告。故不書。

紀國今爲山東壽光縣夷國在今青萊二府境凡春秋有命告則書不然則否傳例在隱十一年今夷之見伐不告于魯故經不書杜預氏云傳見其事以明春秋例他皆倣此

有蜚。不爲災。亦不書。

蜚負蠜也蓋食苗虫之類凡物不爲災經不書傳例在莊二十九年杜預氏云又於此發之者明傳之所據非

惟史策兼采簡牘他皆倣此[蜚]音翡

○惠公之季年。敗宋師于黃。公立而求成焉。九月。及宋人盟于宿。始通也。黃宋邑今河南杞縣有外黃城成平也隱公立而宋伐魯公因求平于宋始與宋盟通好杜預氏云經無義例故傳直言其歸趣而巳他皆倣此

○附錄

冬十月。庚申。改葬惠公。公弗臨。故不書。衆哭曰臨隱將讓桓不敢會哭爲喪主故經不書[臨]去聲

惠公之薨也。有宋師。大子少。葬故有闕。是以改葬。宋師伐魯報黃之敗也故事也惠公薨時公將兵禦宋委葬事于大子而大子年尚少禮有所闕所以改葬[大]音泰[少]去聲

衛侯來會葬。不見公。亦不書。衛國今爲河南淇縣改葬之時衛侯來會隱公不爲喪主不爲接見成禮故經不書昭三十年傳例先王之制諸侯之喪士弔大夫送衛侯來會葬非禮也

○附錄

鄭共叔之亂。公孫滑出奔衛。衛人爲之伐鄭。取廩延。鄭人以

密魯故也。莒與魯有舊怨紀以昏魯故使其大夫與莒子盟于密爲魯謀也卒之八年爲浮來之盟莒魯交好○鄭人伐衛討公孫滑之亂也。討元年衛爲公孫滑伐鄭之亂也○趙鵬飛氏曰管蔡之亂周公誅其父而錄其子于鄭莊克其弟而不字其子又加兵於衛

【經】辛酉三年春王二月己巳日有食之。無傳日月交會于朔則食此不書朔史失之也食或作蝕○愚按春秋或書日或書朔或書日不書朔或書朔不書日或日朔皆書或日朔皆不書或書日有食之既此皆史官失之詳畧仲尼因之無所加損非有異義也○三月庚戌天王崩。杜預氏云不書葬魯不會也○夏四月辛卯君氏卒。○秋武氏子來求賻。武氏周大夫子者父在之辭此經書來求之始也穀梁傳云歸死者曰賵歸生者曰賻歸之者正也求之者非正也○愚按凡書求賻求車求金皆以誅諸侯不貢而天下無王也○八月庚辰宋公和卒。諸侯同盟則相赴以名例在七年魯君死稱薨其餘

列國之君但稱卒畧外以別內也○胡寧氏曰天子崩而不名諸侯薨而名所以別于天子也諸侯生而不名大夫生而名所以別于諸侯也大夫書名氏微者名氏不登于史冊所以別于大夫也此春秋正名分之法也○冬十有二月齊侯鄭伯盟于石門。齊國今山東臨淄縣有古齊城石門齊地在今平陰縣境外諸侯盟來告則書○陳傅良氏曰外特相盟不書必關於天下之故而後書莒紀無足道也齊鄭合而天下始多故矣是故書齊鄭盟石門以志諸侯之合書齊鄭盟于鹹以志諸侯之散是春秋之終始也○癸未葬宋穆公。無傳魯使大夫會葬故書凡書葬皆據我魯而言所以不稱宋葬穆公而言葬宋穆公禮賤不誄貴故諸侯薨誄於王春秋諸侯不請於王者臣子私爲之謚稱公從其私謚也

【傳】三年春王三月壬戌。平王崩。赴以庚戌。故書之。周平王之崩實以三月壬戌日周人欲諸侯之速至而以庚戌日赴于魯故經文隨其所赴而書之杜預氏云

今日之所當務者吾子其爲我立與夷俾無廢先君舉賢之功可焉(馮音憑)使公子馮出居於鄭。出居於鄭避殤公也八月。庚辰。宋穆公卒。殤公卽位。君子曰。宋宣公可謂知人矣。立穆公。其子饗之。命以義夫。宣公立其弟穆公而其子與夷卒享有宋國此正宣公知人之明故復贊之以爲宣公遜國之命出於義也夫語助○邵寶氏曰宣公之知人固不係于其子之饗不饗也今以其子之饗而蔽宣公之知人命以義者固知是哉商頌曰。殷受命咸宜。百祿是荷。其是之謂乎。商頌玄鳥篇言商湯武丁受命皆以義故能任荷天之百祿今宣公之命亦以義故殤公宜荷此祿合此詩之義也公羊傳云宣公謂繆公曰以吾愛與夷則不若愛女以爲社稷宗廟之主則與夷不若女盍終爲君矣宣公死繆公逐其二子莊公馮與左師勃曰爾爲吾子生毋相見死毋相哭與夷復曰先君之所爲不與臣而納國乎君以君可以爲社稷宗廟主也今君逐其二子而將致國乎與夷此非先君之意也且使子而可逐則先君其逐臣矣繆公曰先君之不爾逐可知矣吾立乎此攝也終致國乎與夷莊公馮弒與夷故君子大居正宋之禍宣公爲之也○黃震氏曰公羊之說固爲萬世垂訓而左氏之說亦不可全廢矣蓋宣公遜穆公穆公終以遜宣公之子是穆公不可謂非賢矣宣公不可謂不知矣其後馮之弒逆罪在馮爾雖春秋責賢者備豈可盡沒其賢而反加以始禍之惡名哉○

冬。齊鄭盟于石門。尋盧之盟也。盧齊地今山東長清縣有盧城盧盟在春秋前尋脩舊好也

庚戌。鄭伯之車僨于濟。僨仆也既盟而遇大風故車墜于濟水傳記異也(僨)墳去

○附錄　衛莊公娶于齊東宮得臣之妹。曰莊姜。美而無子。衛人所爲賦碩人也。此春秋前事因桓公弒而追言之東宮之義四時東爲春萬物生長西爲秋萬物成就君在西宮太子則東宮也得臣太子名稱太子妹者見爲嫡女莊謚姜齊姓碩人衛風篇名莊姜美而賢不見荅於莊公終以無子故衛人賦碩人以閔之(爲)去聲

又娶于

陳曰厲嬀生孝伯早死其娣戴嬀生桓公莊姜以爲己子嬀陳姓厲戴皆謚也厲嬀之娣戴嬀即子孟子之聲子也桓公雖爲莊姜子然大子之位未定〔嬀〕音歸公子州吁嬖人之子也有寵而好兵公弗禁莊姜惡之賤而得幸曰嬖母嬖故州吁有寵惡之恐其爲亂也〔惡〕去聲石碏諫曰臣聞愛子教之以義方弗納以邪驕奢淫泆所自邪也四者之來寵祿過也將立州吁乃定之矣若猶未也階之爲禍夫寵而不驕驕而能降降而不憾憾而能眕者鮮矣石碏衛大夫言父母教子當教以方外之義不可入于邪僻不正之行凡驕傲奢侈淫蕩縱泆皆邪道也四者之來皆由寵祿大過其心放縱以致如此定定其位也階階之爲禍言緣寵祿以爲階悌而作亂也憾恨眕重也言人情恃君寵祿未有不驕既驕矜必不能自降其心降其心未有不恨既怨

恨必不能自重其身此事勢之自然其有能不然者少也䂬七畧反泆音逸䀢音軫○愚按石碏所云愛子教以義方弗納於邪至哉言也而曰將立州吁乃定之者則吾惑焉夫州吁恃寵好兵旣已納于邪矣乃石子顧復探其君之邪志而成之乎哉是何其言之自相悖也不幸莊公從若言則衛國之禍其誰階之

且夫賤妨貴少陵長遠間親新間舊小加大淫破義所謂六逆也君義臣行父慈子孝兄愛弟敬所謂六順也去順效逆所以速禍也君人者將禍是務去而速之無乃不可乎小加大以班位上下言杜預氏謂以小國而加兵大國非也淫破義言以邪淫而破壞正義也臣行言臣行君之義也蓋州吁於六逆則賤妨貴少陵長於六順則弟不敬此所謂去順效逆非謂州吁皆犯之也妨音芳少去聲間俱去聲

弗聽其子厚與州吁游禁之不可桓公立乃老桓公立在春秋前十二年老告老也禮七十告老而

後致仕事杜預氏云四年經書州吁弑其君故傳先經以始事

【經】壬戌周桓王元年 四年 宋殤公元年 春王二月莒人伐杞取牟婁 無傳杞國今爲河南杞縣牟婁杞邑書取言易也傳例在襄十三年此經書諸侯相伐取地之始

○戊申衛州吁弑其君完 州吁不稱公子程子謂州吁身爲大惡自絕於先君故不得爲先君子孫弑君稱臣臣之罪也傳例在宣四年此春秋書弑之始

○夏公及宋公遇于清 遇者二國各簡其禮若道路不期而相遇也清衛邑今山東東阿縣舊有清亭此經書特相遇之始

○宋公陳侯蔡人衛人伐鄭 陳國今爲河南陳州蔡國今爲上蔡新蔡二縣此經書諸侯會伐之始亦東諸侯分黨之始○林堯叟氏曰於是齊鄭一黨也魯宋陳蔡衛一黨也東諸侯分黨而天下始多故矣

○秋翬帥師會宋公陳侯蔡人衛人伐鄭 公子翬魯大夫此經書大夫專征之始于是翬得師而循至于簒君矣杜預氏云諸

外大夫貶皆稱人至于內大夫貶則皆去族稱名暈音輝○湛若水氏曰伐鄭一事也夏書宋公陳侯蔡人衛人伐鄭者四國始謀而欲動著四國之罪也秋書翬會宋公陳侯蔡人衛人伐鄭者翬已動而行事著翬之罪也○九月衛人殺州吁于濮州吁不稱公子石碏得稱人所以明討賊之義濮陳地今爲山東濮州濮音卜○冬十有二月衛人立晉晉公子晉宣公也

傳四年春衛州吁弑桓公而立○公與宋公爲會將尋宿之盟未及期衛人來告亂夏公及宋公遇于清宿盟在元年亂謂弑桓公○宋殤公之即位也公子馮出奔鄭鄭人欲納之及衛州吁立將脩先君之怨於鄭而求寵於諸侯以和其民使告於宋曰君若伐鄭以除君害

君爲主。敝邑以賦與陳蔡從。則衛國之願也。二年鄭人伐衛故欲脩怨春秋時諸簒弒者諸侯既與之會則不復討其罪故欲求此寵於諸侯君害謂宋公子馮賦兵賦也從從行也宋人許之。於是陳蔡方睦於衛。故宋公陳侯。蔡人衛人伐鄭。圍其東門。五日而還。還音旋公問於衆仲曰。衛州吁其成乎。衆仲魯大夫成謂能和民得成爲君也衆音終對曰。臣聞以德和民。不聞以亂。以亂猶治絲而棼之也。夫州吁阻兵而安忍。阻兵無衆。安忍無親。衆叛親離。難以濟矣。夫兵猶火也。弗戢將自焚也。夫州吁弒其君而虐用其民。於是乎不務令德。而欲以亂成。必不免矣。以亂指下文阻兵安忍言棼猶紛也治絲者而紛之愈見其亂也阻恃也言州吁恃其兵威而安于殘忍恃兵則民殘而衆亂安忍則刑慘而親離蓋下文虐用其民即阻兵而弑其君即安忍也戢收歛也言用兵而不戢歛其威猶用火而不戢必自焚其身也焚音焚○汪克寬氏曰衆仲不言其元兇大憝而但云阻兵安忍蓋君臣之義不明于天下久矣○秋諸侯復伐鄭宋公使來乞師公辭之羽父請以師會之公弗許固請而行故書曰翬帥師疾之也乞師不書非卿來也公從衆仲之言故辭宋使羽父即公子翬經不書公子翬惡其專兵也○諸侯之師敗鄭徒兵取其禾而還言徒兵以別其非車戰也○州吁未能和其民厚問定君於石子石子曰王覲爲可曰何以得覲曰陳桓公方有寵於王陳衛方睦若朝陳使請必可得也兩會諸侯伐鄭而民猶未和故厚復謀之於父石卜即石碏碏詒言能朝覲天子得其寵命乃可安定此時陳桓公尚存未應有謚蓋左氏追

昔之厚從州吁如陳石碏使告于陳曰衛國褊小老夫耄矣無能爲也此二人者實弒寡君敢卽圖之陳人執之而請涖于衛如往也老夫石碏自稱八十曰耄二人謂州吁與厚也石碏自謙國小身老無能討賊請陳因其來朝而殺之涖臨也言請衛人自臨討之九月衛人使右宰醜涖殺州吁于濮石碏使其宰獳羊肩涖殺石厚于陳右宰衛官醜名宰碏家臣獳羊肩姓名獳奴侯反君子曰石碏純臣也惡州吁而厚與焉大義滅親其是之謂乎言石碏惡州吁之弒君并惡石厚臣事州吁而皆殺之蓋君臣有義父子有親雖均不可廢然以臣弒君大義所在有不容以父子之親而揜護其惡者故云大義滅親明小義則當兼子愛之與音預○眞德秀氏曰方莊公之寵州吁也碏能諫之及州吁之簒桓公也碏又能誅之可謂社稷之臣矣○衛人逆公子晉

于邢。冬十二月。宣公卽位。書曰。衛人立晉。衆也。邢國今爲北直隸順德府凡去其國國逆而立之曰入例在成十八年今書衛人立晉蓋善其得衆故變文以示義也○李廉氏曰晉與子朝皆不宜立晉爲國人所與子朝獨爲尹氏所與故書法異

【經】癸亥五年。衛宣公元年春。公矢魚于棠。矢陳也棠魯地今山東魚臺縣有觀魚臺○夏四月。葬衛桓公。○秋。衛師入郕。郕小國今山東汶上縣北有郕國城【郕】音成○九月。考仲子之宮。考成也禮諸侯無二嫡孟子入惠公之廟仲子祭享無所隱公以桓故別成仲子之宮安其主而祭之初獻六羽。干象武功羽象文德婦人無武事則獨奏文樂故書羽而不書佾書初獻明前此用八之僭也○李廉氏曰書初例二初獻六羽復正之初也初稅畝變古之初也○邾人。鄭人伐宋。邾主兵故序鄭上○螟。無傳蟲食苗心曰螟爲災故書此經書重災之始也【螟】音冥○冬十有二月辛巳。

對曰天子用八諸侯用六大夫四士二夫舞所以節八音而行八風故自八以下萬舞之總名羽數執羽人數衆仲魯大夫八八佾也天子用八佾每佾八人諸侯六佾大夫四士二人數如之八音金鍾石磬絲琴瑟竹簫管土塤木柷敔匏笙革鼓也八音皆奏而舞曲齊之故舞所以節八音也八風調東方谷風東南清明風南方凱風西南涼風西方閶闔風西北不周風北方廣莫風東北融風也八方風氣由舞而行故舞所以行八風也惟天子則盡用八佾諸侯則自八以下降殺以兩公從之於是初獻六羽始用六佾也自成王以天子之禮樂祀周公魯之宗廟因而用之至是隱公考仲子之宮始從衆仲之言行六羽之獻故經書曰初○家鉉翁氏曰仲子之卒已久至是始立廟者隱欲以是見讓桓之志爾

○宋人取邾田邾人告於鄭曰請君釋憾於宋敝邑爲道釋四年再伐之恨道向導也鄭人以王師會之伐宋入其郛

以報東門之役鄭莊公尚為王卿故得用王師經不書不以告也郛郭也東門役在四年

○金履祥氏曰鄭以公孫滑之故用師于宋宋又以公子馮之故用師于鄭宋為州吁所誘令鄭又為邾人所嗾宋志在于去馮故為人所誘邾心在于報怨故蔟人春秋前以宋主兵此以邾主兵皆誅心也然其時鄭伯猶未朝王也而左氏謂以王師會之或誤也鄭以王師伐宋則隱九年之事耳左氏隱篇之多誤此亦一事也

宋人使來告命。公聞其入郛也。將救之。問於使者曰。師何及。對曰。未及國。公怒。乃止。辭使者曰。君命寡人同恤社稷之難。今問諸使者。曰師未及國。非寡人之所敢知也。告命策書也使者未知公之聞其入郛尚有疑慮之心故不以實告而以緩詞自諱公怒使者所對與求救之旨殊別故止而不救宋君謂宋殤公杜預氏云為七年公伐邾傳難乃旦反

○冬。十二月。辛巳。臧僖伯卒。公曰。叔父有憾

於寡人寡人弗敢忘葬之加一等。諸侯稱同姓大夫長曰伯父少曰叔父僖伯諫觀魚不從故謂其有憾加一等加命服一等也○宋人伐鄭圍長葛以報入郛之役也。入郛在今年秋

春秋左傳註評測義卷之一終

春秋左傳註評測義卷之二

明吳興後學凌稚隆輯著

隱公二

【經】甲子六年。晉哀侯元年 春。鄭人來渝平。來者彼來求我非我往求彼也渝變也杜預氏云和而不盟曰平○林堯叟氏曰書渝平以志諸侯之合書及鄭平以志諸侯之散諸侯合而天下始多故矣○夏五月辛酉。公會齊侯盟于艾。艾齊地今山東沂州有艾山此經書齊魯交好之始也○汪克寬氏曰書盟于艾著齊僖小霸之始書盟于黃著齊景爭霸之終○秋七月。杜預氏云雖無事而書首月具四時以成歲也○冬。宋人取長葛。長葛鄭邑不繫鄭者承前冬伐鄭圍長葛而言

【傳】六年春。鄭人來渝平。更成也。隱公爲公子時爲鄭所執逃歸怨鄭至是

宋使有失辭之隙鄭因此而來經書渝平傳曰更成渝即更之義成即平之訓謂變其前日不平之心以爲平而相爲成結也○張洽氏曰鄭莊之納平爲合黨敵宋計是以不憚屈巳請和於魯繼以入祊而未即求許所以爲敗宋入許之權與魯隱亦入其術中而不悟也○附錄

翼九宗五正頃父之子嘉父逆晉侯于隨納諸鄂晉人謂之鄂侯晉國唐叔始受封於翼翼同姓有九宗職官有五正皆世爲晉强家嘉父晉大夫鄂侯別邑前年翼侯奔隨桓王立其子於翼故不得復入翼而別居於鄂○

夏盟于艾始平於齊也前此魯與齊不平至是棄惡而結好○趙鵬飛氏曰宋伐鄭齊將救鄭則地隔於魯不求魯無以救鄭春鄭來渝平鄭使反命而齊即爲艾之盟爲鄭求魯也魯終未救鄭者祊未入也○附錄

五月庚申鄭伯侵陳大獲傳例無鍾鼓曰侵往歲鄭伯請成于陳陳侯不許五父諫曰親仁善隣國之寶也君其許鄭陳侯曰

宋衛實難。鄭何能爲。遂不許。成猶平也五父陳公子佗字難猶患也言宋衛大國實能爲患鄭乃小國無能爲也父音甫難乃旦反君子曰。善不可失。惡不可長。其陳桓公之謂乎。長惡不悛。從自及也。雖欲救之。其將能乎。悛改從隨也陳侯不許鄭之求成此是惡念發端處長其惡而不改則隨自及於禍不可救矣蘆泉劉氏云相和好爲善欲征伐爲惡長上聲○陸粲氏曰陳侯傲隣而愎諫以取敗則信有罪矣雖然不有疆大諸侯過惡且什伯於此者乎是區區者君子奚獨譏之深也商書曰。惡之易也。如火之燎于原。不可鄉邇。其猶可撲滅。商書盤庚篇言火燎原野近之固難滅之尤難易鄉俱去聲撲普卜反周任有言曰。爲國家者見惡。如農夫之務去草焉。芟夷薀崇之。絕其本根。勿使能殖。則善者信矣。周任周大夫芟刈夷殺薀積崇聚也言善惡無兩立之理惡者不長則善者自伸林堯叟氏云見惡非獨惡人凡惡念惡事皆是〔信〕音申○秋。宋人取長葛。秋取冬告故經書冬○附錄冬。京師來告饑。公爲之請糴於宋衛齊鄭，禮也。京大師衆也天子之居必於衆大之處故曰京師不言周王告饑不以王命也魯國不足爲請隣國以共王得事君之禮杜預氏云傳見隱之賢○附錄鄭伯如周。始朝桓王也。王不禮焉。周鄭交惡至是乃朝故曰始周桓公言於王曰。我周之東遷。晉鄭焉依。善鄭以勸來者。猶懼不蔇。況不禮焉。鄭不來矣。周采地桓公名黑肩爲王三公者公旦後也周幽王爲犬戎所殺平王東徙晉文公鄭武公左右王室乃周之所依賴者也焉語助蔇至也杜預氏云爲桓五年諸侯從王伐鄭傳蔇音忌○金履祥氏曰周之東遷晉鄭焉依而王奪鄭伯政又嘗助曲沃伐翼此所以失諸侯也然鄭伯實利政權又有挾天子令諸侯之意周桓公之說未盡當時之事情也

【經】乙丑七年。春。王三月。叔姬歸于紀。無傳伯姬爲紀侯夫人其娣叔姬爲媵待年於宗國不與嫡同行至是始歸于紀其後桓十二年紀滅宗廟在酅叔姬不歸宗國而歸于酅以全婦道春秋賢之○滕侯卒。滕國今山東滕縣故書此以張本○夏。城中丘。中丘魯地在今山東沂縣境城例在莊二十九年春秋凡用民必書此經書城之始也○齊侯使其弟年來聘。僖公同母弟書弟見其以弟之愛而寵任之過也此經書列國來聘之始杜預氏云諸聘使卿執王帛以相存問例在襄七年○秋。公伐邾。此經書伐邾之始○冬。天王使凡伯來聘。凡國伯爵周卿士此經書王聘之始戎伐凡伯于楚丘以歸。一人而曰伐不與戎狄之報中國也或云伐當作執蓋字之誤楚丘衛地今爲北直滑縣此經書戎患之始

【傳】七年。春。滕侯卒。不書名。未同盟也。凡諸侯同盟。於

是稱名。故薨則赴以名。告終稱嗣也。以繼好息民。謂
之禮經。凡諸侯同盟則書名於載書故其卒亦以名赴於同盟告終易代則稱嗣子以繼好息民
此經常之禮也杜預氏云告亾者之終而稱嗣位之主嗣位之主當奉而不忘故曰繼好好同則和親故
曰息民○愚按春秋諸侯卒不同盟者五十二人不書名者才九人爾凡例可盡信乎公羊云不名微國
也穀梁云狄道也恐皆非也惟程子云史闕文庶幾得之○夏城中丘。書不時也。夏非築城之時妨農事也○齊侯使夷仲年來聘。結艾之盟也。盟艾
在前年○趙鵬飛氏曰齊侯前年爲艾之盟爲鄭求魯也宋取鄭長葛而魯不救故齊復使弟年來聘卜
進退焉年歸反命而鄭賂卒不至是年秋公故爲宋伐邾以動鄭鄭知魯兵不空出明年春遂以祊來歸
年之來豈爲聘問哉爲鄭求魯爾○秋。宋及鄭平。七月庚申盟于宿。
凡平而後盟經不書公伐邾。爲宋討也。公既距宋更與鄭平今鄭復與宋盟故公懼而

爲宋討邾欲以求好於宋爲去聲○趙鵬飛氏曰鄭
賂未至魯故爲宋伐邾以要之既得鄭賂即從鄭伐
邾今日爲宋伐邾明日爲鄭伐宋特以賂故
而邾横罹其毒故終隱之世邾不復通於魯○初戎
朝于周發幣于公卿凡伯弗賓朝而發幣帛於公卿如今奉使而私覿之
禮弗賓者弗以賓禮禮之追言凡伯所以見伐之故冬王使凡伯來聘還戎伐
之于楚丘以歸要凡伯歸路而伐之遂執以歸○附錄陳及鄭平前年鄭侵
陳大獲今乃平十二月陳五父如鄭涖盟壬申及鄭伯盟歃
如忘洩伯曰五父必不免不賴盟矣涖臨也如忘如遺忘物然志不
在盟也洩伯即洩駕不免謂不免於禍不賴盟不以盟爲重也鄭良佐如陳涖盟辛
巳及陳侯盟亦知陳之將亂也良佐鄭大夫入其國觀其政故知陳之將
亂杜預氏云皆爲桓五年六年陳亂蔡人殺陳佗傳○附錄鄭公子忽在王所故

陳侯請妻之。鄭伯許之。乃成昏。公子忽三年質於周陳侯以忽有王寵故請以女妻之杜預氏云爲鄭忽失齊昏援以至出奔傳

經 丙寅 八年。秦靈公元年 春。宋公衛侯遇于垂。垂衛地 ○三月。鄭伯使宛來歸祊。宛鄭大夫祊鄭祀泰山之邑在今山東費縣境杜預氏云不書氏未賜族也 庚寅。我入祊。書入者逆詞我不當受而遽有之也 ○夏六月。己亥。蔡侯考父卒。無傳 ○辛亥。宿男卒。無傳 ○秋七月。庚午。宋公。齊侯。衛侯。盟于瓦屋。參盟書日謹其始也齊侯尊宋使主會故序宋公于齊侯之上瓦屋周地此經書諸侯參盟之始也○陳傅良氏曰有參盟而後有主盟然則盟主之興其亦有感於私黨分而約劑亂歟 ○八月。葬蔡宣公。無傳 ○九月。辛卯。公及莒人盟于浮來。莒人微者而公與之盟故特書公及以譏其失禮浮來紀邑在今山東莒

州西此經書魯君特會外大夫之始○家鉉翁氏曰凡公與强國大夫盟不書公及諱强國之以無道加於公也與小國大夫盟則不諱公以公自欲與之爲盟非彼小國大夫要公也○螟無傳○冬

十有二月無駭卒無駭魯大夫杜預氏云公不與小斂故不書日卒而後賜族故不書氏

【傳】八年春齊侯將平宋衛有會期宋公以幣請於衛請先相見衛侯許之故遇于犬丘犬丘即垂地宋衛有怨于鄭齊侯將和解之宋敬齊命故以幣帛將意先請命于衛而有犬丘之遇不以禮見而陽若相遇春秋因實書之而貶寓焉○李廉氏曰鄭之怨衛因公孫滑宋之怨鄭因公子馮其說似有據然考之於經後此兵屢止三國參盟而不及鄭十年入鄭伐戴之師又三國爲黨以侁鄭則宋衛此謀蓋有志於從齊黨而無意於釋鄭憾也齊僖亦不過假此以求諸侯爾豈眞有平怨之本心哉○鄭伯請釋泰山之

祀。而祀周公。以泰山之祊易許田。三月。鄭伯使宛來歸祊。不祀泰山也。周制六年五服一朝故成王特賜魯許田以爲王畿朝宿之邑後世因立周公別廟又六年王巡狩諸侯各朝方嶽故宣王特賜鄭祊以爲湯沐之邑祊近魯許田近鄭鄭莊公以天子衰微不能巡狩而魯亦不時見於天子故欲以祊易許田各從本國所近恐魯以許田有周公別廟爲疑故云已廢泰山之祀而欲爲魯祀周公孫辭以有求也許田近許之田也○愚按鄭伯利在得許田其謀萌於渝平之時而未敢訟言於魯故不憚委先祖所受之土地以與魯此以利餌魯之術也而隱不之覺卒爲問齊於宋以成敗宋入許之計而後鄭乃終得許田先儒謂鄭莊小人之雄也其然哉

○附錄夏。虢公忌父始作卿士于周。周鄭交惡至是始以政界虢公○

附錄四月。甲辰。鄭公子忽如陳逆婦嬀。辛亥。以嬀氏歸。甲寅。入于鄭。陳鍼子送女。先配而後祖。鍼子曰。是不

爲夫婦。誣其祖矣。非禮也。何以能育。媯陳姓鍼子陳大夫禮逆婦必先告祖廟而後行鄭忽先逆婦而後告廟故鍼子譏之不爲夫婦言不能終其夫婦也誣猶言不敬也育生育也 ○齊人卒平宋衞于鄭。秋。會于溫。盟于瓦屋。以釋東門之役。禮也。春將平宋衞于鄭至是卒平之所以解四年圍鄭東門之憾溫周邑定國息民故云禮杜預氏云會溫不書不以告也鄭不與盟故不書 ○附錄 八月。丙戌。鄭伯以齊人朝王。禮也。鄭伯因齊僖在周地故以齊朝王得事上之禮杜預氏云齊稱人畧從國辭 ○公及莒人盟于浮來。以成紀好也。二年紀子帛爲魯故嘗盟莒于密今及其臣爲盟所以成紀之好也 ○趙鵬飛氏曰魯既受鄭賂將空國以赴鄭之求恐莒人之議其後故成紀好而盟之 ○附錄 冬。齊侯使來告成三國。齊使人來告魯秋已與宋衞鄭結成和好矣 公使衆仲對曰。君釋三國之圖以鳩其民。君之惠也。寡君聞命矣。敢不承受君之明德。鳩集也言齊爲三國釋相圖之意以安集其民也○無駭卒。羽父請謚與族。羽父公子翬也謚死者易名之稱號族生者別宗之氏族無駭卒應賜謚又先未有族故翬爲請之公問族於衆仲。衆仲對曰。天子建德。因生以賜姓。胙之土而命之氏。諸侯以字。爲謚。因以爲族。官有世功。則有官族。邑亦如之。天子立有德以爲諸侯因其所由生以賜姓若舜由嬀汭出故陳爲嬀姓也命之以土地因其所封地名爲族氏若胡公封於陳命曰陳氏也諸侯位卑不敢僭同天子以生以字命臣下故或使其臣以王父字爲族若魯三桓鄭七穆之類或使用先人之謚以爲族若宋戴氏之類或世居其官而有功者則以其官爲族若晉之士氏中行氏之類或以所封之邑爲族若晉之韓趙魏氏之類傳遜氏云杜注諸侯以字句爲謚因以爲族句愚疑此傳寫之誤當以謚作氏葢公問族於衆仲未問氏也而衆仲對曰諸侯以字爲氏因以爲族則問對相承了然自明矣又下文公命以字爲展氏則用衆仲之說又明矣**公命以字爲展氏**。古者諸侯子爲大夫稱公子孫爲大夫稱公孫公孫之子不可復言公孫則稱王父字以別之無駭公子展之孫故公命以其王父之字爲展氏

【經】丁卯**九年**。蔡桓公元年**春天王使南季來聘**。無傳南氏季字天子大夫**○三月癸酉大雨震電庚辰大雨雪**。雨于付反○呂大圭氏曰春秋因其所書日月前後而知其是非如癸酉大雨震電庚辰大雨雪則有以見八月之間而再見天變也若此類葢於書日見之**○挾卒**。無傳挾魯大夫挾音叶**○夏城郎。○秋七月。○冬公會齊侯于防**。防魯地今山東曲阜縣有防山此經書會之始也

【傳】**九年春王三月癸酉大雨霖以震書始也**。言自癸酉日始以後雨震連綿不止也**庚辰大雨雪亦如之書時失也**。亦如之言自庚

辰以後雨雪亦連綿不止也杜預氏云夏之正月微陽始出未可震既震又不當大雨雪故皆為時失劉炫氏云經無霖字傳無電字傳誤耳

凡雨自三日以往為霖平地尺為大雪此解經書霖與大雪之義

○夏城郎書不時也以其妨農務故云不時

○宋公不王鄭伯為王左卿士以王命討之伐宋宋以入郛之役怨公不告命公怒絕宋使不王不共王職也時鄭莊公猶為左卿士公前雖不救宋猶未忿宋好為伐郛以說宋宋尚怨公不告鄭伐故公怒而絕其使

秋鄭人以王命來告伐宋伐宋未得志故乘魯怨鄭之隙以王命來告于魯經不書王命者王人不出則經無異文也○姜寶氏曰為周司徒者乃莊之祖桓公武公也莊蓋假借其虛聲稱王命以恐動隣國爾是時實未嘗為王卿士令伐也

冬公會齊侯于防謀伐宋也春秋之初齊鄭為黨故鄭將伐宋而齊會魯以謀之○傅遜氏曰公先與郛盟繼與宋盟既以宋故

伐郛又以鄭故伐宋誠二三其德矣○附錄北戎侵鄭。鄭伯禦之。患戎師。曰。彼徒我車。懼其侵軼我也。徒步兵車車戰軼突也懼車戰難於進退爲步兵之所侵突也林堯叟氏云言北狄以別戎之雜處中國者也軼音逸公子突曰。使勇而無剛者。嘗寇而速去之。君爲三覆以待之。戎輕而不整。貪而無親。勝不相讓。敗不相救。先者見獲。必務進。進而遇覆。必速奔。後者不救。則無繼矣。乃可以逞。突莊公子即厲公也嘗試也勇則敢於試寇無剛則不以退走爲耻故可使之試寇而速去也覆伏兵也先覆兵三處以待戎之逐我也蓋戎人之性輕易而不整其行列貪利而不相親附惟其輕而貪故得勝則不相讓而獨進惟其不整而無親故遇敗則不相救而先奔令誠使勇者試寇而速去則戎人必逐其去者逐其去者必有所獲獲謂獲鄭人在先者見逐有所獲則務在速進而棄其後此之謂勝不相讓戎人獨自先進而前遇覆兵必速奔走而歸後者見先者敗走必不相救此之謂敗不相救如是則戎兵可無後繼者逞快也言可快志於戎也覆浮去 從之戎人之前遇覆者奔祝聃逐之衷戎師前後擊之盡殪戎師大奔戎師之前逐當寇者巳過第一覆見第二覆兵起而奔歸祝聃鄭大夫即第二覆兵逐戎奔者分戎師爲二段使前後不續而橫陳其軍于戎師之衷前後擊之者第一覆擊戎前第三覆擊戎後也殪死也戎之在前者盡死而其在後駐軍不救者皆大奔殪音翳 十一月甲寅鄭人大敗戎師此即上傳所說擊戎之事既不書經故準經爲文以揔之

【經】戊辰 十年春王二月公會齊侯鄭伯于中丘中丘魯邑○夏翬帥師會齊人鄭人伐宋齊鄭稱人以公不至故使微者從之公羊傳云不稱公子隱之罪人也故終隱之篇貶也○六月壬戌公敗宋師于菅菅宋

地杜預氏云書敗宋未陳也敗例在莊十一年菅古顔反辛未。取郜。辛巳。取防。郜今山東城武縣有郜國城防今山東金鄉縣俱宋邑鄭取二邑以歸于我不書鄭譏不在鄭也書取明不用師徒也一月再書取著其暴也郜音告○呂大圭氏曰春秋因書日前後而知其是非如辛未取郜辛巳取防則有以見旬日之間而取其二邑也○秋。宋人。衛人。入鄭。宋人。蔡人。衛人。伐戴。鄭伯伐。取之。戴小國今爲河南考城縣三國伐戴鄭伯因其不和伐而取之○冬。十月。壬午。齊人。鄭人。入郕。

傳十年春王正月。公會齊侯鄭伯于中丘。癸丑。盟于鄧。爲師期。九年會于防謀伐宋故今會盟爲出師之期鄧魯地杜預氏云癸丑是正月二十六日經書二月誤○夏。五月。羽父先會齊侯鄭伯伐宋。杜預氏云書先會明非公本期也○愚按翬於伐鄭固請而行於伐宋先期而會無君之心昭如矣而公猶懵然不知也其及于禍固宜○**六月戊申，公會齊侯、鄭伯于老桃。**老桃，宋地。杜預氏云：會不書，不告于廟也。**壬戌，公敗宋師于菅。庚午，鄭師入郜。辛未，歸于我。庚辰，鄭師入防。辛巳，歸于我。**鄭伯後期，故公獨敗宋師。已而鄭復入郜、入防，不有其功，歸之於魯，欲堅其絕宋之心也，故經書魯取，以成鄭志○黃震氏曰：翬先合諸侯以攻之，公即乘虛以襲之，不淹旬而取二邑。既取防於未伐宋之前，又取郜、防於既伐宋之後，鄭、宋兩失其邑，魯隱兩獲其利矣，然何以逃君子之譏。**君子謂鄭莊公於是乎可謂正矣。以王命討不庭，不貪其土，以勞王爵，正之體也。**下之事上，皆成禮於庭中，故不王曰不庭。勞者，敘其勤以荅之也。魯侯爵尊，鄭伯爵卑，鄭以二邑歸魯，故云以勞王爵。[勞]去聲○愚按：鄭莊公得宋二邑，不請於王，而乃擅以歸魯，安在其爲以王命討不庭哉？而左氏猶與其爲正。李廉氏謂其事則是，而義則非是也。○附錄**蔡人、衛人、郕人**

不會王命。郕國今山東汶上縣有郕城鄭以王命告伐宋而三國不會傳爲經書冬齊人鄭人入郕張本 ○秋七月庚寅鄭師入郊猶在郊宋人衛人入鄭蔡人從之伐戴八月壬戌鄭伯圍戴癸亥克之取三師焉鄭師伐宋還駐兵於遠郊未入國宋衛以奇兵乘虛入鄭國召蔡人伐戴三國之師在戴城下戴鄭之與國故鄭戴合攻盡取三國之師宋衛既入鄭而以伐戴召蔡人蔡人怒故不和而敗明言宋衛始不與蔡人入鄭至伐戴乃召之所以不和以至于敗 ○附錄 九月戊寅鄭伯入宋報宋之入鄭也 ○冬齊人鄭人入郕討違王命也 ○汪克寬氏曰夏而三國伐宋秋而宋衛入鄭又借蔡伐戴鄭莊又圍戴取三國之師猶以爲未足且借齊入郕一伐一入迭勝迭負彼此交侵其黨與戰國之殺人盈城暴骨如芥兆於此矣此春秋所以作也此春秋所以始於隱公也

【經】十有一年春。滕侯薛侯來朝。十下言有者干寶氏云十盈則更始以奇從盈數故言有也經備文傳從畧故傳不言有薛國今山東滕縣有薛城此經書諸侯朝魯之始亦旅見之始也○夏。公會鄭伯于時來。時來鄭地在今河南滎陽縣境○秋。七月壬午。公及齊侯鄭伯入許。與謀曰及傳例在宣七年許今河南許州不書滅以使許叔居之故也胡傳云書會則伐許者本鄭志也書及則入許者公所欲也○冬十有一月壬辰。公薨。胡傳云不書弒示臣子於君父有隱避其惡之禮不書地示臣子於君父有不沒其實之忠不書葬示臣子於君父有討賊復讎之義非聖人莫能修謂此類也○陳傳良氏曰薨十二公所同也不地不葬隱閔所獨也然則雖諱而亂臣賊子之獄具矣

【傳】十一年春。滕侯薛侯來朝。爭長。薛侯曰。我先封。滕侯曰。我周之卜正也。薛庶姓也。我不可以後之。滕姬姓文

王之後薛任姓奚仲之後奚仲夏所封在周前故云我先封卜正卜官之長庶姓異姓也公使羽父請於薛侯曰君與滕君辱在寡人周諺有之曰山有木工則度之賓有禮主則擇之周之宗盟異姓爲後寡人若朝于薛不敢與諸任齒君若辱貺寡人則願以滕君爲請辱辱臨也度謂度其大小而用之擇謂擇其尊卑而行之宗盟同宗之盟也例在定四年齒列貺賜也謙言設若我魯君往朝于薛則諸任爲同姓我爲異姓我且不敢與諸任並列今薛君既來我國是有賜於我寡君也則我願如周之宗盟以同姓之滕君爲先度度音鐸○高閌氏曰同受天子土地是同列也乃班見於魯豈有同列來朝而班見者乎異姓爲後謂朝天子時爾薛侯許之乃長滕侯○夏公會鄭伯于郲謀伐許也郲卽時來○吳澂氏曰許與鄭接境齊魯無與焉者也鄭伯以許鈎致齊魯之君而借其兵力吞併小國以利益於

巳甚哉鄭之不仁而齊魯之不智也○鄭伯將伐許。五月甲辰。授兵於大宮。公孫閼與潁考叔爭車。潁考叔挾輈以走。子都拔棘以逐之。及大逵。弗及。子都怒。授兵賦車馬也大宮鄭祖廟古者出師必告於祖廟而奉遷廟之主以行公孫閼字子都鄭大夫輈車轅也廟中授車未有馬駕故以手挾輈而走棘戟也道方九軌曰逵〔大〕音泰〔閼〕音遏〔輈〕張留反○秋。七月。公會齊侯。鄭伯伐許。庚辰。傅于許。潁考叔取鄭伯之旗蝥弧以先登。子都自下射之。顛。瑕叔盈又以蝥弧登。周麾而呼曰。君登矣。鄭師畢登。壬午。遂入許。許莊公奔衛。傅附也謂附於許城之下蝥弧鄭伯旗名先登率先鄭兵以登許城也顛隧而死也瑕叔盈鄭大夫周徧麾招也鄭師見君之旗信君已登故鄭師盡登於城上經不書許奔衛非其罪也〔傅〕音附〔蝥〕音侔〔弧〕音胡〔射〕音石齊侯以許讓公。公曰。君謂許不共。故從君討之。許既伏其罪矣。雖君有命。寡人弗敢與聞。乃與鄭人。不共謂不共職貢〔共〕音恭〔與〕音預○愚按公以許與鄭蓋償前日郜防之取　鄭伯使許大夫百里奉許叔以居許東偏。曰天禍許國。鬼神實不逞于許君。而假手于我寡人。寡人唯是一二父兄不能共億。其敢以許自爲功乎。寡人有弟不能和協。而使餬其口於四方。其況能久有許乎。鄭伯見齊魯相遜亦不敢自取許國故使許莊公之弟許叔居許東鄙又使其大夫百里奉之曰以下鄭伯戒飭百里之辭不逞不快其志也父兄謂同姓羣臣共養億安也弟謂共叔段出奔在元年餬口猶言寄食也〔共〕音恭〔餬〕音胡　吾子其奉許叔以撫柔此民也。吾將使獲也佐吾子。若寡人得没于地。天其以禮悔禍于許。無寧兹許。公復奉其社稷。唯我鄭國之有請謁焉。如舊昏媾。其能降以相從也。無滋他族實偪處此。以與我鄭國爭此土也。吾子孫其覆亡之不暇。而況能禋祀許乎。寡人之使吾子處此。不唯許國之爲。亦聊以固吾圉也。獲鄭大夫公孫獲無寧寧寧也兹此也謁告也婦之父曰昏重昏曰媾降降心也精意以享曰禋鄭伯言天雖禍許叔寧止居此東鄙而其或者加禮於許而悔禍焉許國我死之後天已若許君遷國復奉其社稷惟我鄭國或有所請告於許爾許當如舊日姻媾之親降心以從鄭之請告毋使其其他族類處于此地以相偪害以與我鄭爭此許國之土也設使他族處此以與我爭則我鄭國之子孫救覆亡之不暇而況能禋祀許之山川乎圉邊垂也言鄭亦賴汝以固我邊垂使他族不能處此以相逼害也偪逼音必禋湮音因爲爲去聲乃使公孫獲處許西偏。曰。凡而器用財賄無寘於許。我死乃亟去之。吾先君新邑於此。王室而既卑矣。周之子孫日失其序。夫許。大岳之胤也。天而既厭周德矣。吾其能與許爭乎。而汝也舊鄭在京兆莊公之父武公始遷邑於河南故云新邑鄭與周同姓故云周之子孫大岳堯封四岳也胤繼厭棄也言王室卑子孫失序天棄周德可知如以許遺子孫則反為兵端總言公孫獲不可久居之意大音泰厭去聲○孫應鰲氏曰不敢以許自為功似讓能其況能久有許似反已況能禋祀許似慮患吾其能與許爭似憂遠然其言曰不惟許之為亦聊以固吾圉則自為自利之心不覺自發露矣要之殘忍陰忌莊公本性不愛于段何愛于許 君子謂鄭莊公於是乎有禮。禮。經國家。定社稷。序民人。利後嗣者也。許無刑而伐之。服而舍之。度德而處之。量力而行之。

相時而動。無累後人。可謂知禮矣。國家非禮不治社稷得禮乃安故禮所以經理國家安定社稷以禮教民則親戚和睦以禮守位則澤及子孫刑法也言許亂無刑政故鄭伐之度德者度我德之厚薄量力者量我力之強弱公告百里曰聊以固吾圉是相時而動也告公孫獲曰我死乃亟去之是無累後人也[度]音鐸○愚按鄭伯入人之國逐人之君擅使大夫守之征伐之權置皆自己出無君甚矣廼其言又內防其患而外利其名所謂刺人以刃而擠之手也左氏所稱當時之君子而謂之有禮此而知禮孰不知禮

鄭伯使卒出豭。行出犬雞。以詛射潁考叔者。百人爲卒二十五人爲行豭牡猪也鄭伯疾射潁考叔者而不能正其典刑故使卒及行間皆出豭犬雞以祭而詛之[豭]音加[行]户剛反[射]音石

君子謂鄭莊公失政刑矣。政以治民。刑以正邪。既無德政。又無威刑。是以及邪。邪而詛之。將何益矣由上無政刑所以大臣不睦而邪人得以肆其戕殺

之毒今莊公不能以刑止邪而徒詛之于神曾何益於國家之事○附録

王取鄔。劉。蔿。邘之田于鄭。而與鄭人蘇忿生之田。溫。原。絺。樊。隰郕。欑茅。向。盟。州。陘。隤。懷。鄔在今河南偃師縣境劉蔿闕邘今河南懷慶縣有邘臺村俱鄭田温見前原今河南濟源縣絺在河南河内縣境樊一名陽樊今河南濟源縣有曲陽城隰郕今河南懷慶府有期城欑茅今河南修武縣有欑城向今河南濟源縣有向城盟今河南孟縣有孟城州陘闕隤在今河南修武縣境懷今修武縣有懷城俱蘇忿生田忿生周武王時司寇也其後蘇氏叛王故王以其田易鄭之田邘音于隰音習郕音成欑才官反向音尚盟音孟陘音刑隤音類

君子是以知桓王之失鄭也。恕而行之。德之則也。禮之經也。已弗能有。而以與人。人之不至。不亦宜乎。推巳及人之謂恕恕者德之法則禮之經紀也今王以巳所不能有之十二邑而使鄭取之是不能推巳之心以度人之心宜乎鄭之不

來王也杜預氏云爲桓五年從王伐鄭張本○金履祥氏曰鄭之伐宋取三師又入郕葢假王命以報怨非王意也桓王知其久假多俘是以冇四邑之取知其長於用兵是以授之專據之邑桓王處此可謂以詐御詐者矣○附錄

鄭息有違言。息侯伐鄭。鄭伯與戰于竟。息師大敗而還。息國今爲河南息縣葢與鄭接境以言語相違恨也君子是以知息之將亾也。不度德。不量力。不親親。不徵辭。不察有罪。犯五不韙。而以伐人。其喪師也。不亦宜乎。不度德鄭莊賢也不量力息國弱也不親親伐同姓也不徵辭不辯言之曲直也不察有罪不察罪之有無也韙是也杜預氏云爲莊十四年楚滅息傳韙音偉喪去聲○附錄

冬十月。鄭伯以虢師伐宋。壬戌。大敗宋師。以報其入鄭也。宋不告命。故不書。入鄭在十年凡諸侯有命。告則書。不然則否。師出臧否。

亦如之。雖及滅國，滅不告敗，勝不告克，不書于策。命者國之大事政令也滅否謂善惡得失也杜預氏云滅而告敗勝而告克此皆互言不須兩告乃書〔下〕否〔古〕音鄙

○羽父請殺桓公，將以求大宰。公曰：爲其少故也，吾將授之矣。使營菟裘，吾將老焉。隱公有讓桓之志未及行羽父度公欲終據其位故請以殺桓之功求爲大宰官菟裘魯邑今山東泗水縣有菟裘聚公欲讓桓故别營他邑以終老〔菟〕音徒〔大〕音泰

羽父懼，反譖公于桓公而請弒之。公之爲公子也，與鄭人戰于狐壤，止焉。鄭人囚諸尹氏，賂尹氏而禱於其主鍾巫，遂與尹氏歸而立其主。十一月，公祭鍾巫，齊于社圃，館于寪氏。壬辰，羽父使賊弒公于寪氏，立桓公而討寪氏，有死者。不書葬，不成喪

也羽父既知公意復譖公欲害桓公而請弒之狐壤
鄭地内諱獲故言止尹氏鄭大夫鍾巫尹氏所主
祭之神立其主謂立鍾巫之廟於魯也社圃圃名館
舍也寪氏魯大夫羽父欲以弒君之罪加寪氏而君
非寪氏所弒故討寪氏之家僅有死者而已不能以
正法誅之也杜預氏云桓弒隱篡立故喪禮不成公
羊傳云公子翬諂乎隱公謂隱公曰百姓安子諸侯
說子曷終爲君矣隱曰吾否吾使修塗裘吾將老焉
公子翬恐其言聞乎桓於是謂桓曰吾爲子口隱矣
隱曰吾不反也桓曰然則柰何曰請作難弒隱公於
鍾巫之祭焉寪音委齊音齋○愚按隱公不行即位
禮不臨惠公喪不稱聲子夫人而于仲子則考其宮
獻六羽焉此其處心積慮曷嘗一日不桓讓哉顧桓
長矣不勝其欲速富貴之念而隱方窮兵畧地不顯
示以讓之之期迄十一年遲遲不斷以故傾危反覆
之徒不爲隱殺桓即爲桓弒隱而鍾巫之難不免矣
故曰需者事之賊隱公之謂也而穀梁氏謂其能輕
千乘之國不亦過乎雖然使桓不弒隱隱即讓桓則
隱將退就臣位而朝桓乎抑桓奉隱於菟裘率諸廷
臣而朝隱耶國無二君必亂之道吾知其終不可免

也夫〇呂祖謙氏曰當桓公在隱公之掌握十有二年年不惟無纖芥之隙又且長育而輔翼之其心迹甚明所可恨者特去位不亟故羽父明發戕殺之言而不忌尚不自警方且告羽父曰吾將授之將之一字是隱公貪慕顧惜之心形於言者也當授即授何謂將授當营即营何謂將营投機之會間不容髮豈容有所謂將者耶此所以招羽父之譏起桓公之疑而迄至于殺其身也

春秋左傳註評測義卷之二終

原書缺頁

原書缺頁

隱深矣○趙鵬飛氏曰鄭有宋兵不得已而歸魯以祊既得魯援則勢不可以責償故以璧假爲名而實責償祊也○夏四月丁未公及鄭伯盟于越結祊成也結祊成結以祊易許之成也杜預氏云傳以經不言祊故獨見祊釋經以見意盟曰渝盟無享國渝變也易田惡事而誓不變改傳載其辭所以深惡魯也○愚按桓公弒隱懼諸侯之討已也故爲垂之會結鄭好以自安而猶未可必信也故既與許田又爲盟于越而位乃定蓋衞州吁弒其君隱公嘗爲會伐鄭以成其亂矣出爾反爾黨逆爲利者其知所懲哉○秋大水凡平原出水爲大水廣平日原平原出水者水不入於土而出於地上非湧泉出也○附錄冬鄭伯拜盟拜謝於越之盟林堯叟氏云或親來或遣使皆不可考○附錄宋華父督見孔父之妻于路目逆而送之曰美而豔華父督宋戴公孫孔氏父字孔子六世祖目逆而送者未至則目逆既至則目送極視而精不轉也色美而冶曰豔二年將書

宋督殺孔父故傳先爲著其事〔父〕音甫〔豔〕與艷同

〔經〕辛未　二年。宋莊公元年　春王正月。戊申。宋督弑其君與夷。及其大夫孔父。稱督以弑罪在督也及累及也書大夫不失其官也○滕子來朝。無傳○愚按滕侯爵而稱子或以爲時王所黜或以爲聖人降而稱之皆非也周制諸侯朝覲王帛以命數爲節而滕以國小禮薄因自降爵以朝聖人從而書之觀子產争承貢賦之次曰昔天子班貢輕重以列鄭伯男也而使承公侯之貢懼弗給也卽此可以得稱子之說矣朱晦翁蓋云然○三月。公會齊侯陳侯鄭伯于稷。以成宋亂。稷宋地成平也○劉永之氏曰將書其取鼎也于稷之會則始之以成宋亂此重其終而錄其始也○夏四月。取郜大鼎于宋。戊申。納于大廟。得非其有之謂取不受而强致之之謂納郜本國宋滅之得其鼎大廟周公廟〔郜〕音告〔大〕〔廟〕音泰○蘇軾氏曰是鼎也何爲而在魯之大廟曰取之宋宋安得之曰取之郜故書曰郜鼎郜之得是鼎也得之天子宋以不義取之而又以與魯也後世有王者作舉春秋之法而行之魯將歸之宋宋將歸之郜而後已也○戴溪氏曰書成亂於前書取鼎於後不待貶而惡自見

○秋七月。杞侯來朝。公即位而來朝 ○蔡侯鄭伯會于鄧。鄧國今爲河南鄧州 ○九月。入杞。不稱主帥微者也○呂大圭氏曰春秋因其所書日月前後而知其是非如七月杞侯來朝九月入杞則有以見來朝方閱一月而興兵以入之也若此之類蓋於書月見之 ○公及戎盟于唐。冬。公至自唐。此經書公至之始也

【傳】二年。春。宋督攻孔氏。殺孔父。而取其妻。公怒。督懼。遂弒殤公。孔父前受命立殤公督之懷逆已久故見孔父妻而遂取之 君子以督爲有無君之心。而後動於惡。故先書弒其君。君子以督無君之心蓄之已久而動惡念以殺孔父據其實雖弒君在殺孔父後而經先書弒君後書殺孔父見督先有

無君之心以著其不臣之極故也公羊傳云督將弑
殤公孔父生而存則殤公不可得而弑也故於是先
攻孔氏之家殤公知孔氏死已必死趨而救之皆死
焉孔父正色而立於朝則人莫敢過而致難於君者
孔父可謂義形於色矣○愚按啖助氏謂舊言孔父
義形於色而作傳者繆以爲女色之色非也左氏窮
覽載籍原始要終豈其言出
無稽而妄爲之說一至于此○

會于稷以成宋亂爲賂故立華氏也。

宋亂實不平而經書成宋亂者蓋桓公以受賂之故立華氏貪縱之甚史難指斥故特書其所爲曰成宋亂而不書立華氏諱之也

宋殤公立十年十一戰。民不堪命。孔父嘉爲司馬。督爲大宰。故因民之不堪命。先宣言曰。司馬則然。已。殺孔父而弑殤公。

一戰伐鄭圍其東門二戰取其禾三戰取邾田四戰邾鄭伐宋入其郛五戰伐鄭圍長葛六戰鄭以王命伐宋七戰魯敗宋師于菅八戰宋衛入鄭九戰伐戴十戰鄭入宋十一戰鄭伯以虢師大敗宋嘉孔父名司馬然言殤公

之數戰皆司馬使之也（大音泰）召莊公于鄭而立之以親鄭以郜大鼎賂公齊陳鄭皆有賂故遂相宋公莊公公子馮也隱三年出居於鄭郜大鼎郜國所造器也此言督所以相宋杜預氏云馮入鄭不書不告也○湛若水氏曰觀此則宋亂公成之也桓公宋督皆弒君之賊故以惡濟惡也○金履祥氏曰宋殤公立十年十一戰大抵皆與鄭戰耳其獨與鄭為仇者以馮之在鄭也宋宣公舍與夷而立穆公穆公又舍馮而立與夷意非不善也為殤公者迹穆公之轍雖復以國與馮可也而亟尋師于鄭唯恐馮之尚存卒以此斃其民而華督得借是弒之殤公蓋有以自取矣

○夏四月取郜大鼎于宋戊申納于大廟非禮也桓公身弒其君乃成人之亂取賂而退復陳其賂于大廟大廟者祖宗禮法之地郜之鼎宋之賂曷為乎至哉聖人書曰取郜鼎曰納于大廟所以明其非禮之甚也（大音泰）臧哀伯諫曰君人者將昭德塞違以臨照百官猶懼或失之

故昭令德以示子孫臧哀伯魯大夫僖伯之子德謂事之合理者違謂事之非理者言將昭明其德塞止其違以此道臨照百官猶恐其不從故又昭明美德以示其子孫如下文所云是以清廟茅屋大路越席大羹不致粢食不鑿昭其儉也清廟肅然清靜之廟茅屋以茅飾屋也大路王路祀天車也越席結草爲席也大羹大古之羹肉汁也不致不和五味也粢稷曰粢不鑿不精細也凡此所以昭其德之儉也越音活食音嗣袞冕黻珽帶裳幅舄衡紞紘綖昭其度也袞畫衣也冕冠也黻與芾同蔽膝也珽玉笏也帶革帶也衣下曰裳幅若今行縢者謂幅束其脛自足至膝也舄複履也衡所以維持冠者紞冠之垂者紘纓從下而上者綖冠之上覆者衡紞紘綖皆冠之飾凡此所以昭其德之度也珽音挺紞多敢反紘音弘綖音延藻率鞞鞛鞶厲游纓昭其數也藻率以韋爲之所以藉玉也王五采公侯伯三采子男二采佩刀之削其上飾曰鞞下飾曰鞛鞶大帶也厲大帶之垂者游旌

旂之旒纓馬飾也凡此所以昭其德之數也〔率〕音律〔鞞〕音丙〔鞛〕布恐反〔鞶〕音盤 **火龍黼黻。昭其文也。** 火畫火龍畫龍上衣之飾白與黑謂之黼黑與青謂之黻下裳之飾凡此所以昭其德之文也〔黼〕音斧 **五色比象，昭其物也。** 車服器械之有五色以比象天地四方凡此所以昭其德之物也 **錫鸞和鈴。昭其聲也。** 錫在馬額鸞在鑣和在衡鈴在旂皆以金爲之鈴動則有聲皆鈴之類凡此所以昭其德之聲也 **三辰旂旗。昭其明也。** 三辰日月星也畫於旌旗之上凡此所以昭其德之明也 **夫德。儉而有度。登降有數。文物以紀之。聲明以發之。以臨照百官。百官於是乎戒懼而不敢易紀律。** 總上文昭德之事而言儉謂昭其儉也有度謂昭其度也登降有數謂昭其數也尊者登其數卑者降其數也文物以紀之謂昭其文昭其物所以紀綱此德也聲明以發之謂昭其聲昭其明所以發揚此德也如此昭德而臨照百官然後百官無不戒謹恐懼而不敢變易國家之紀綱法律此以上皆言昭德以塞違所以能化下今滅德立違而寘其賂器於大廟以明示百官百官象之其又何誅焉立違謂立華督違命之臣象法誅責也言上之所行下必效之不可復誅責也此言魯受賂立違以滅德所以不能化下正與上文相反○愚按他日公子牙慶父仲遂意如之徒相繼而起所謂百官象之也國家之敗由官邪也官之失德寵賂章也郜鼎在廟章孰甚焉言國家所以敗亾由百官之違邪而百官所以失德而違邪者由人君受賂而事迹彰著也今以郜鼎納于大廟其賄賂之章著孰甚於此此又推言納郜鼎非徒不能化下又且敗國武王克商遷九鼎于雒邑義士猶或非之而況將昭違亂之賂器於大廟其若之何九鼎禹之所鑄三代相傳以爲傳國之寶義士蓋伯夷之屬言武王順天應人克商遷鼎義士猶以爲亾國之物不可示民而非毁之況今弑君納賄非九鼎比魯

之大廟非雒邑此非之者將不止義士已也其其何以治國家而臨照百官乎此言納賂必見非於人公不聽。周內史聞之曰。臧叔達其有後於魯乎。君違不忘諫之以德。內史周大夫達即哀伯杜預氏云僖伯諫隱觀魚其子哀伯諫桓納賂積善之家必有餘慶故云有後於魯○呂祖謙氏曰斬關之盜人不責其穿窬彼桓公親為篡逆而不忌況可責其取亂人之一賂乎宜其說之不納也又曰哀伯○之諫忠諫也君子不謂之忠以其所告者桓公爾

秋。七月。杞侯來朝。不敬。杞侯歸。乃謀伐之。○蔡侯鄭伯會于鄧。始懼楚也。楚國今湖廣江陵縣時楚武王始僭號稱王欲害中國三國近楚故懼而會謀卒之楚滅鄧復滅蔡而鄭亦幾亾○九月。入杞。討不敬也。○愚按杞侯朝桓公歸而見入左氏云不敬也他日杞子復朝僖公歸而見入左氏又云不共也杞以國小懼而來朝烏得不為敬共良由微弱不能備禮其於魯之誅求無以應之故見謂不敬不共云爾噫可念哉

○公及戎盟于唐脩舊好也懼戎爲患故脩隱公之舊好亦猶隱公盟戎之意

○冬公至自唐告于廟也凡公行告于宗廟反行飲至舍爵策勳焉禮也特相會往來稱地讓事也自參以上則往稱地來稱會成事也公行謂盟會征代之役反行反自行役也飲至告至而飲酒于廟也舍置也爵飲酒器也策勳書所出之功於策也舍爵卽策勳速紀有功也特相會公與一國會也往出會也來告至也凡會必有事二君會則或以其地之近或以其事之重而爲賓主相讓而事成故往來但稱地明有讓以爲禮也參以上則必以國强爵尊或覇主主其事故往歸則書至自會以見會事之成也[參]音三[舍]音赦○愚按左氏言至之義若此而程子又謂君出而書至者有三告廟也過時也危之也則春秋書至八十二不書至九十四郭登氏以爲史臣記一君之本末豈有書其出而不書其至之理故知不至者文字脫簡爾聖人不如此瑣碎也

○附錄 初晉穆侯

之夫人姜氏。以條之役。生大子。命之曰仇。其弟以千
畝之戰生。命之曰成師。傳因曲沃篡晉追記其始條晉地大子文侯名仇取戰于
條相仇怨之義弟桓叔也千畝地名師衆也名成師取戰于千畝能成其衆之義大音太師服曰。
異哉君之名子也。夫名以制義。義以出禮。禮以體政。
政以正民。是以政成而民聽。易則生亂。嘉耦曰妃。怨
耦曰仇。古之命也。今君命大子曰仇。弟曰成師。始兆
亂矣。凡其替乎。師服晉大夫言命子之名必使合于事宜故云名以制義伏義而行所以
生出禮法故云義以出禮履禮而行所以體成政教故云禮以體政已帥以正孰敢不正故云政以正民
惟如是故政成于上而民聽于下反是則必生亂也耦匹也命命名也穆侯以古人怨耦之名命其長子
而少子之名乃取得衆之義師服知成師之黨必盛於晉以傾宗國故因名以諷諫欲使之强幹而弱枝

也。○陸粲氏曰：晉之亂始兆封於曲沃，非兆於命名也。謂名足以定禍福，是委巷之言耳。於卜偃之論畢萬亦云。

惠之二十四年，晉始亂，故封桓叔于曲沃。靖侯之孫欒賓傅之。惠，魯惠公也。晉文侯卒，昭侯立，危不自安，乃封成師爲曲沃伯。靖侯，桓叔之高祖父。言得貴寵公孫爲傅相也。師服曰：吾聞國家之立也，本大而末小，是以能固。故天子建國，諸侯立家，卿置側室，大夫有貳宗，士有隸子弟，庶人工商各有分親，皆有等衰。是以民服事其上，而下無覬覦。今晉，甸侯也，而建國，本既弱矣，其能久乎？本謂根本，末謂枝葉。國，諸侯。家，卿大夫。側室，衆子。貳宗，小宗也。言天子建諸侯之國，則王國爲大而侯國爲小；諸侯立卿大夫之家，則侯國爲大而家爲小；卿立庶子之家以爲側室，則卿爲大而側室爲小；大夫立大宗之宗子以爲貳宗，則大夫爲大而貳宗爲小；士以其子弟爲僕隸之屬則士爲大而僕隸爲小庶人工商無復尊卑則但以親踈爲分别葢自天子至于庶人皆有等級以相統攝也衰殺也惟上下辯則民志定故民皆盡心力以事其上而居下位者亦不敢覬望上位今晉甸服之諸侯而建國以封桓叔國勢既分則根本弱矣其能久乎言必爲桓叔所滅也[衰]初危反○鄭樵氏曰左氏所載隱桓間事言多典法如師服所謂天子建國數語猶見得三代制度名分等殺纖悉委曲如此之不可亂

惠之三十年。晉潘父弑昭侯。而納桓叔。不克。晉人立孝侯。惠之四十五年。曲沃莊伯伐翼。弑孝侯。翼人立其弟鄂侯。鄂侯生哀侯。哀侯侵陘庭之田。陘庭南鄙啓曲沃伐翼。潘父晉大夫昭侯文侯子不克不能納也晉人立昭侯之子平是爲孝侯莊伯桓公子鱓也莊伯弑孝侯晉人攻莊伯莊伯復入曲沃晉人立孝侯之弟郄是爲鄂侯陘庭翼南鄙邑侵奪其田也啓開道之也翼晉所都邑

經 壬申 三年。晉小子侯元年 春正月。公會齊侯于嬴。嬴齊地今山東泰安州嬴音盈○愚按經不書王有以爲周不班爵者胡氏辯之矣而又有以爲闕文者胡氏以十四年皆不書王爲疑遂謂桓公三年喪畢猶不入見天子故自是而後皆不書王見桓公無王與天王之失政而不王也若然則當時宋督宋萬趙盾鄭歸生輩皆以逆賊得免於討未嘗以爲無王也何獨以桓公歸罪於天王之失政乎且於十年十八年又復書王者義又何解耶故惟闕文之說庶於義例可通蓋孔子所云多聞闕疑正此之類爾 ○夏齊侯衞侯胥命于蒲。蒲衞邑今北直隸長垣縣境此經書諸侯不請命而私相命之始 ○六月。公會杞侯于郕。郕魯地今山東寧陽縣境 ○秋七月壬辰朔日有食之既。無傳既盡也食盡爲異大也 ○公子翬如齊逆女。○九月齊侯送姜氏于讙。讙魯地在今山東寧陽縣西界杜預氏云已去齊國故不言女未至於魯故不稱夫人 公會齊侯于讙。無傳夫人姜氏至自齊。無傳穀梁傳云不言翬以至公親受之於齊侯也○汪克寬氏曰僖公之娶夫人納幣逆女夫人至皆不書以合禮也桓公之娶文姜不合於禮故悉志之以垂戒書法之變也○冬齊侯使其弟年來聘。○有年。無傳五谷皆孰為有年桓弑逆而反有年書異也

【傳】三年。附錄春。曲沃武公伐翼。次于陘庭。韓萬御戎。梁弘為右。逐翼侯于汾隰。驂絓而止。夜獲之。及欒共叔。武公曲沃莊伯子韓萬莊伯弟御戎僕也右戎車之右汾水名隰汾水邊也驂騑馬絓絓于木也欒共叔欒賓之子杜預氏云賓傳翼侯子各徇所奉之主故幷見獲而死【絓】音卦【共】音恭○會于嬴。成昏于齊也。杜預氏云公不由媒介自與齊侯會而成昏非禮也○夏齊侯衛侯胥命于蒲。不盟也。以言相結而不歃血以盟程子以為近於禮也故善之○

公會杞侯于郕。杞求成也。○二年魯入杞故杞來求成歲不與諸侯會盟○程子曰自桓公簒立無結外援以自固也○秋。公子翬如齊逆女。脩先君之好。故曰公子。杜預氏云逆女雖奉時君之命其言必稱先君以爲禮辭故傳稱脩先君之好○愚按翬乃弑逆之賊也豈得以逆昏故遂以公子貴之蓋翬於是始爲卿故稱公子爾○齊侯送姜氏。非禮也。凡公女嫁于敵國。姊妹則上卿送之。以禮於先君。公子則下卿送之。於大國。雖公子亦上卿送之。於天子。則諸卿皆行。公不自送。於小國。則上大夫送之。言凡諸侯之女嫁於敵己之國者爲諸侯之姊妹則送以上卿所以尊禮於先君也爲諸侯所自生之女則送以下卿降姊妹二等也若嫁於大國雖自生之女亦以上卿送之所以尊大國也上配天子則諸卿皆行所以盡敬于天子也然諸侯亦不自送至于嫁於小國則惟上大夫送之降於敵國一等也。○冬，齊仲年來聘，致夫人也。言齊女出嫁，使其大夫隨加聘問，所以致殷勤之意也。○附錄 芮伯萬之母芮姜惡芮伯之多寵人也，故逐之，出居于魏。芮國，今爲山西芮城縣，伯爵。萬名，姜芮毋姓，魏今爲山西平陸縣。杜預氏云：爲明年秦侵芮張本。

經 癸酉 四年，春，正月，公狩于郎。冬獵曰狩，此經書狩之始。○夏，天王使宰渠伯糾來聘。宰官，渠氏，伯糾名。不書秋冬，史闕文也。

傳 四年，春，正月，公狩于郎。書時，禮也。周之春乃夏之冬，合乎冬狩之禮。○趙鵬飛氏曰：昭公九年築郎囿，其後遂爲田獵苑囿之地，蓋基於今日之狩。○夏，周宰渠伯糾來聘，父在，故名。杜預氏云：王官之宰，當以才授位，而伯糾攝父之職，出聘列國，故云父在。書名以示譏也。○附錄 秋，秦師侵芮，敗焉，小之也。秦以芮小

輕之故爲芮所敗 ○ 附錄 冬，王師、秦師圍魏，魏執芮伯以歸。秦國今陝西鞏昌鳳翔西安其地三年芮伯奔魏芮更立君秦爲芮所敗故圍魏執芮伯以去將欲納之也林堯叟氏云爲十年秦納芮傳

【經】甲戌 五年春正月甲戌己丑，陳侯鮑卒。杜預氏云甲戌前年十二月二十一日己丑此年正月六月 ○ 夏，齊侯、鄭伯如紀。外相朝曰如 ○ 天王使仍叔之子來聘。仍叔天子之大夫 ○ 葬陳桓公。無傳不書月史失之 ○ 城祝丘。無傳祝丘齊魯竟上邑齊將襲紀公欲助紀而畏齊故爲城以備之書夏城譏非時也 ○ 秋，蔡人、衛人、陳人從王伐鄭。姜寶氏云不書天王以諸侯伐鄭者時王命不至于魯以從王伐鄭來告也 ○ 大雩。求雨之祭【雩】音于 ○ 螽。無傳蚣蝑之屬爲災故書【螽】音終 ○ 冬，州公如曹。州小國今爲湖廣監利縣曹國今爲山東曹州

不書奔以朝出也杜預氏云爲丁實來傳

【傳】五年春正月甲戌己丑陳侯鮑卒再赴也。再赴者言陳初以甲戌後以己丑赴告于魯也於是陳亂文公子佗殺大子免而代之。公疾病而亂作。國人分散。故再赴。佗桓公弟五父也免桓公子此釋陳所以再赴之故（免音問）○愚按趙氏云豈有正當禍亂之時而暇使人再赴之理愚因以爲即令再赴孔子何以不據實而書蓋甲戌之下其文有闕爾而或者遂謂有陳佗殺其君之子免八字則又失之鑿○夏齊侯鄭伯朝于紀。欲以襲之。紀人知之。紀微國一旦二大國無故來朝所以疑而備之此爲紀紀侯將去其國張本○附錄王奪鄭伯政。鄭伯不朝。隱三年周人將畀虢公政至是王復奪與虢○秋王以諸侯伐鄭。鄭伯禦之。王爲中軍。虢公林父將右軍。蔡人衛人屬

焉。周公黑肩將左軍。陳人屬焉。林父王卿士。黑肩周桓公也。將去聲下同

鄭子元請爲左拒。以當蔡人衛人。爲右拒。以當陳人。曰。陳亂。民莫有鬭心。若先犯之。必奔。王卒顧之。必亂。蔡衛不枝。固將先奔。既而萃于王卒。可以集事。從之。子元鄭公子。拒方陳也。萃聚集成也。言陳軍不整。莫有戰鬭之心。若先犯之。陳必先奔。王卒顧見陳奔。必驚而亂。則蔡衛不能枝持。固將先奔。王卒而奔。諸國既奔。然後聚攻王卒。可以成戰勝之事。拒上聲下同。卒尊入。○王世貞氏曰。人主而在行。將帥不得展其用。而內顧重。故萃三軍之良以攻王。一敗而師崩。符堅之伐晉亦然

曼伯爲右拒。祭仲足爲左拒。原繁高渠彌以中軍奉公。爲魚麗之陳。先偏後伍。伍承彌縫。戰于繻葛。命二拒曰。旝動而鼓。曼伯檀伯也。祭仲足。祭仲之字。原繁高渠彌二大夫。司馬

法車戰二十五乘爲偏步卒五人爲伍蓋以車當前以伍居後以伍承偏之隙而彌縫其闕漏此魚麗陳法也繻葛鄭地旝旃也通帛爲之蓋今大將之麾執以爲號令者〔祭〕齋去〔陳〕陣同〔繻〕音須〔旝〕音檜

蔡衛陳皆奔。王卒亂。鄭師合以攻之。王卒大敗。祝聃射王中肩。王亦能軍。祝聃請從之。公曰君子不欲多上人。況敢陵天子乎。苟自救也。社稷無隕多矣。祝聃鄭大夫王師雖敗猶殿而不奔故言能軍從追也多上人多出人之上也多謂多幸〔射〕音石中去聲

夜。鄭伯使祭足勞王且問左右。林堯叟氏云此蔡而無禮之詞〔勞〕去聲○黃震氏曰鄭伯不朝天子率諸侯親征從之者三弱國而已又不能無畏齊比鄭之心故不能躬擐甲冑而以微者行此所以敗○

仍叔之子。弱也。經稱仍叔之子本於父字蓋幼弱之辭譏使童子出聘也經書在夏傳釋在秋由上文重言秋錯誤也而杜預氏遂以爲久留在魯過矣○

秋。大雩。書

不時也。凡祀，啓蟄而郊，龍見而雩，始殺而嘗，閉蟄而烝。過則書。凡祀通天地宗廟而言夏正建寅之月百虫啓蟄則祀天于南郊建巳之月蒼龍七宿昏見東方則雩祭爲百谷祈甘雨建酉之月陰氣始殺嘉穀始熟則薦嘗祭建亥之月蟄虫閉戶萬物皆成則修蒸祭祭必當卜卜有吉否不利則改卜次旬卜不過三故限以一月過涉次月之節則書之以譏其慢見音現○趙汸氏曰三代正朔不同故一以節氣爲限○冬，淳于公如曹。度其國危，遂不復。州公國于淳于故稱淳于公自度國將危亡因托朝于曹遂不復歸

經 乙亥 六年。陳厲公佗元年 春，正月，寔來。不言州公承五年冬州公如曹省文也杜預氏云寔者實也言州公之如曹其實來魯也○夏，四月，公會紀侯于成。成魯地○秋，八月，壬午，大閱。周制大司馬仲冬教衆庶脩戰法名曰大閱書八月不時也此經書大○蔡人殺陳佗。佗無傳陳佗弒世子而竊位故書名不與其爲君閱之始也

也陳厲公蔡出也故蔡桓公殺陳佗而立之○九月丁卯子同生同桓公子莊公也○冬紀侯來朝

[傳]六年春自曹來朝書曰寔來不復其國也此亦承前傳淳于公如曹也杜預氏云言奔則來行朝禮言朝則遂留不去故言寔來○附錄楚武王侵隨使薳章求成焉軍於瑕以待之隨人使少師董成隨漢東姬姓國今湖廣隨州有隨城薳章楚大夫求成求與之平也瑕隨地少師隨侯寵臣董正也正二國之成也（薳）蘤上鬬伯比言於楚子曰吾不得志於漢東也我則使然我張吾三軍而被吾甲兵以武臨之彼則懼而協以謀我故難閒也鬬伯比楚大夫令尹子文之父漢水名張自侈大也言我楚不得逞志於漢東諸侯者乃我楚自失策所致盖我楚方且張大吾三軍之衆而被之以堅甲利

兵以威武而臨漢東之諸侯彼諸侯懼吾之强而協力以謀禦我所以難離間其心也此言楚國失策〔張〕去聲下同

漢東之國隨爲大。隨張。必弃小國。小國離。〔離〕去聲楚之利也。少師侈。請羸師以張之。〔羸〕弱也言漢東之國惟隨爲大若能使隨君心自侈大必弃絕小國而不協以謀我小國離則隨之勢孤此我楚國之利也蓋隨少師之心素自侈大今請藏其精兵示以羸弱使少師見之愈自侈大而忽我楚則我可以得志於隨矣此伯比爲楚畫策〔羸〕音纍下同

熊率且比曰。季梁在。何益。鬬伯比曰。以爲後圖。少師得其君。熊率且比楚大夫季梁隨賢臣且比以季梁賢知吾謀將不行故伯比言季梁雖能忠諫不如少師得君今雖聽季梁後來必以少師之計爲善〔率〕音律〔且〕音徂○劉知幾氏曰左傳於善人君子功業不書見於應對附彰其美如季梁在何益是也

王毀軍而納少師。少師歸。請追楚師。隨侯將許之。毀軍毀其軍容也蓋少師來楚師羸

成故楚王藏其精兵以示羸弱此正羸師以張也少師請追果如伯比料季梁止之曰。天方授楚。楚之羸。其誘我也。君何急焉。臣聞小之能敵大也。小道。大淫。所謂道。忠於民。而信於神也。上思利民。忠也。祝史正辭。信也。今民餒而君逞欲。祝史矯舉以祭。臣不知其可也。楚自若敖蚡冒以來其勢方盛故云天方授楚小道大淫言小國有道而大國淫虐無道也所謂道以下益承上文而解道字之義盡心爲民爲忠誠實事神爲信乃所謂有道也祝大祝史大史皆主祭之官正辭不虛詞稱君美也傳曰小大之獄雖不能察必以其情此即上思利民之忠傳曰其祝史陳信於鬼神無媿辭此即祝史正辭之信逞快矯詐也言今民皆饑餒而君快其情欲是無利民之忠祝史詐稱功德以欺鬼神是無正辭之信如是則是吾國無道而楚亦未爲淫辟未見其爲可敵也公曰。吾牲牷肥腯。粢盛豐備。何則不信。牲牛羊豕也牷純色也腯牲充滿意黍稷曰粢在器曰盛〔牷〕音全〔腯〕徒忽反對曰夫民神之主也是以聖王先成民而後致力于神鬼神之情依人以行故民爲神之主所以古之聖王必先惠養下民使其家給人足然後致力乎鬼神故奉牲以告曰博碩肥腯謂民力之普存也謂其畜之碩大蕃滋也謂其不疾瘯蠡也謂其備腯咸有也博廣碩大普徧存畜也碩大言其形狀蕃滋言其生乳多疾疾患也瘯瘯疥癬也蠡無毛貌祭之所用有牲故祝史舉牲以告神曰博碩肥腯非謂所祭之牲之肥而已謂先成民富其力足以徧畜此牲且其所畜者又無疾病疥癬以之備腯無不有也〔畜〕音嗅〔瘯〕音簇〔蠡〕音裸奉盛以告曰絜粢豐盛謂其三時不害而民和年豐也言祭之所用有食故祝史舉盛以告神曰絜粢豐盛非謂所祭之食之盛而已謂先成民不奪其農時民和無怨而年豐登也奉酒醴以告曰嘉栗

旨酒。謂其上下皆有嘉德。而無違心也。嘉善也栗栗然清冽無雜貌言祭之所用有酒故祝史舉酒醴以告神曰嘉栗旨酒非謂所祭之酒之美而已謂先成民上下皆有嘉德而無違逆之心也

所謂馨香。無讒慝也。總上三者而言犧牲粢盛酒醴所以言馨香者皆由民無讒謗邪慝之行而致然也書曰黍稷非馨明德惟馨此即無讒慝也

故務其三時。脩其五教。親其九族。以致其禋祀。於是乎民和。而神降之福。故動則有成。三時春夏秋也五教君臣父子兄弟夫婦朋友也九族謂高祖至玄孫凡九代之族非一身有之也此謂先成民也禋潔敬也此謂後致力於神也有成謂成功即敵大此言聖王先致力於神之主故祀則神福之一曰五教父義母慈兄友弟恭子孝也九族父族四謂本族姑之夫與其子姊妹之夫與其子女子之夫與其子母族三謂母之父姓與母之母姓及姨母之夫與其子妻族二謂妻之父姓與妻之母姓○郭登氏曰季梁所謂治國之道忠以養民似矣若曰信

以事神則果無先於此者乎至如民和而神降之福故動則有成夫民心和矣而動則有成卽謂之福此事理自然之感何待乎神之降之哉國之將興聽於人國之將亾聽于神季梁賢者惜乎其言之雜而不淳也

今民各有心。而鬼神乏主。君雖獨豐。其何福之有。民懷異心而不和此謂不先成民也民心不和則鬼神無主此謂不致于神也此言隨不先致力于神之之主故祀必不受福

君姑脩政。而親兄弟之國。庶免於難。脩政謂先成民也親兄弟國漢東諸姬姓國也難去聲

隨侯懼而脩政。楚不敢伐。楚始與隨爲成侯其釁而伐之林堯叟氏云爲八年楚伐隨張本○陳傅良氏曰楚事始見於傳至莊十年敗蔡始見於經蓋自楚王熊達以上皆畧不書

○夏會于成。紀來諮謀齊難也。前此齊鄭欲襲紀而弗遂因是啓釁且將大加兵於其國故紀來諮謀於成而公會之難去聲○

附錄 北戎伐齊。齊侯使乞師於鄭。鄭大子忽帥師救齊。

六月大敗戎師獲其二帥大良少良甲首三百以獻於齊於是諸侯之大夫戍齊齊人饋之餼使魯爲其班後鄭鄭忽以其有功也怒故有郎之師甲首被甲者之首戍聚兵而守之餼饋生食及芻米班次也諸侯以齊有北戎之難各使大夫助齊戍守齊人餽送其餼使魯人第其次序而頒之魯人以鄭伯爵使居後忽自以有功于齊怒魯後己故有十年于郎之師大音太下同師去聲○金履祥氏曰北戎伐齊齊乞師於鄭求成於諸侯則戎患亦熾矣向非桓公之伯則燕齊皆爲戎矣

公之未昏於齊也齊侯欲以文姜妻鄭大子忽大子忽辭人問其故大子曰人各有耦齊大非吾耦也詩云自求多福在我而已大國何爲君子曰善自爲謀魯桓公三年娶齊女文姜此追言未昏以前事詩大雅文王篇言求福由己非由人也善自爲

謀據其事而贊之杜預氏謂獨潔其身謀不及國是以成敗論人非也(妻去聲下同)○愚按鄭忽益大言無當者祭仲一執遑遑出奔恐後多福奚自求之雖然與其受昏而當魯桓敝笱之刺寧其有突之逐哉此又天之所以幸忽而禍桓也

及其敗戎師也。齊侯又請妻之。固辭。人問其故。大子曰。無事於齊。吾猶不敢。今以君命奔齊之急。而受室以歸。是以師昏也。民其謂我何。遂辭諸鄭伯。又請妻又欲以他女妻之也師昏言以師要齊而得昏必見怪於民也大子於是假鄭伯之命以辭齊女杜預氏云爲十一年鄭忽出奔衛傳○

秋。大閱簡車馬也。齊方嘉美鄭忽之功而忽復以周班後魯之事怒魯故魯人懼而以非時簡選車馬以備之○

九月丁卯。子同生。以大子生之禮舉之。接以大牢。卜士負之。士妻食之。公與文姜宗婦命之。魯十二公惟子同爲嫡夫人之長子故以大子生之禮舉之大牢牛羊豕也宗婦同宗之婦也禮世子生以大牢之禮接見之三日卜其士之吉者負之射人以桑弧蓬矢射天地四方卜士之妻爲乳母三月君夫人沐浴于外寢立于阼階西向宗婦抱子升自西階君命之名乃降皆以重嫡也(食)音嗣

公問名於申繻。對曰。名有五。有信。有義。有象。有假。有類。以名生爲信。以德命爲義。以類命爲象。取於物爲假。取於父爲類。申繻魯大夫以名生爲信若唐叔季友仲子生而有文在其手也以德命爲義若文王名昌知其必昌盛武王名發知其必發兵也以類命爲象若孔子首象尼丘之山因名曰丘而字仲尼也取於物爲假若伯魚生而人饋之鯉因名曰鯉也取於父爲類若今子同生與父同日因名之曰同也不以國。不以官。不以山川。不以隱疾。不以畜牲。不以器幣。周人以諱事神。名終將諱之。故以國則廢名。以官則廢職。以山川則廢主。以畜牲則廢祀。以器幣則廢禮。言國君之子不以本國之號爲名不以本國官職之號爲名不以本國山川之號爲名不以隱痛疾患之字爲名不以六畜之名爲名不以祭器玉帛之類爲名所以然者何也蓋周人以諱神名爲敬子生三月爲之立名死後必將諱之故須預有所避爲下諸廢張本也以國爲名則將諱其國之號是廢其國名也以官爲名則終諱此官之號是廢其官職也以山川爲名則必改其山川之號是廢其主名也以六畜爲名則不敢用此牲以祭是廢祀禮也以器幣爲名則不敢用此器幣以行禮是廢其禮也 晉以僖侯廢司徒。宋以武公廢司空。先君獻武廢二山。是以大物不可以命。僖侯名司徒故廢司徒爲中軍武公名司空故廢司空爲司城二者所謂以官則廢職也魯獻公名具武公名敖故更以鄉名具敖二山此所謂以山則廢主也大物卽上國官山川之類 公曰。是其生也與吾同物。命之曰同。物類也蓋子同之生與桓公同日故命名曰同用取

於父爲類之義○冬紀侯來朝請王命以求成于齊公告不能紀侯弱不能自通於天子欲因公請王命以求成于齊公無寵於王故告不能

春秋左傳註評測義卷之三終

左氏傳測義

03

自四至七

春秋左傳註評測義卷之四

明吳興後學凌稚隆輯著

桓公二

經　丙子七年陳厲公元年。春二月己亥，焚咸丘。無傳焚火田也咸丘魯地不言蒐狩者以火田非蒐狩之法故直書焚以譏其盡物也○夏，穀伯綏來朝。鄧矦吾離來朝。穀國今湖廣穀城縣鄧國今河南鄧州不書秋冬史闕文也

傳　七年春，穀伯、鄧矦來朝。名，賤之也。春來夏乃行朝禮故書夏○愚按穀鄧來朝書名或以爲辟陋小國故則春秋小國未易更僕數也或以爲遠朝于篡逆之國則滕子杞矦不來朝於桓公乎何以不皆名趙鵬飛氏云二國爲楚所逼失地而奔以朝禮見書朝以失國書名左氏賤之之意亦或以此○附錄

夏，盟向求成于鄭，既而背之。盟向本蘇

忿生二邑隱十一年周桓王以與鄭者既而背鄭之約盟音孟背音佩**秋。鄭人齊人衛**
人伐盟向。王遷盟向之民于郟。三國伐盟向責其背成郟王城郟音夾
○附錄**冬。曲沃伯誘晉小子侯殺之。**曲沃伯即武公小子侯哀侯子
經丁丑**八年**晉侯緡元年**春正月己卯。烝。**無傳烝冬祭也此夏之仲冬烝并為
過書之以見五月又烝為非禮之甚也○湛若水氏
曰據此可見周之時正朔改而月數亦從之而改矣
○天王使家父來聘。無傳家氏父字天子大夫○程子曰桓公弒立未嘗朝覲天王
不討而屢使聘之失道之甚也**○夏五月丁丑。烝。**無傳今三月也○程子曰正月既烝
矣而非時復烝者必以前烝為不備也其瀆祀甚矣**○秋。伐邾。**無傳不書主○名微者也
冬十月。雨雪。無傳程子云建酉之月未霜而雪書異也雨去聲○愚按程子謂建酉之月蓋
夏時之八月也今魯史以周時書之曰冬十月則周
以子月為春正月于此一驗若果亥月雨雪又何異

于○祭公來。遂逆王后于紀。祭公諸侯爲天子三公者言遂因上事生下事之辭此經書遂之始也

傳八年春附錄滅翼。曲沃武公滅之○附錄隨少師有寵。楚鬬伯比曰。可矣。讎有釁。不可失也。曰可矣者蓋六年所云少師得其君以爲後圖者今則可圖也讎指隨言釁瑕隙也言少師無德而有寵此隨國之釁隙可乘不可失此機會也○附錄夏。楚子合諸侯于沈鹿。黄隨不會。使薳章讓黄。楚子伐隨。軍於漢淮之閒。沈鹿楚地合諸侯欲以求隙討隨也黄嬴姓國今河南光州季梁請下之。弗許而後戰。所以怒我而怠寇也。下之請服也季梁謂隨侯請服于楚而楚弗許然後與戰蓋請服則楚師怠弗許則我師怒彼怠我怒則可戰也少師謂隨侯曰。必速戰。不然將失楚師。此蓋以六年少師請

追楚師季梁止之故今謂若不速戰當又如前年失楚師也隨侯禦之。望楚師。望遥見也季梁曰。楚人上左。君必左。無與王遇。且攻其右。右無良焉。必敗。偏敗。衆乃攜矣。君與王皆指楚君攜攜貳也言楚君必在左軍則左軍皆精兵也我軍不可與敵莫若先攻其右右軍不精其勢易破一軍既破其衆乃有攜貳之心矣少師曰。不當王。非敵也。欲與王之精兵對敵弗從。戰于速杞。隨師敗績。隨侯逸。鬬丹獲其戎車。與其戎右少師。弗從不用季梁謀也速杞隨地大崩曰敗績逸逃也鬬丹楚大夫戎車君所乘兵車也戎右軍右也隨侯寵少師故以爲右秋。隨及楚平。楚子將不許。鬬伯比曰。天去其疾矣。隨未可克也。乃盟而還。伯比蓋謂少師爲隨之疾今見獲而死是天去其疾也前言隨不可失者以寵少師故今天既去其疾是隨未可克也○呂祖謙氏曰嘗考伯比之謀既假毀師之請而激季梁之諫復假季梁之重而致隨矦之懼復假隨矦之止而增少師之慙復假少師之寵而沮季梁之策置毫末之毒於少師之心而一國君臣展轉薫染自勝自負自惑自仆自尋自奪如輪如機不得少息吾端坐拱手不動聲色而徐制其弊焉雖事往迹陳書之簡牘讀者猶不知其端況於當時自陷其網者乎○附錄冬王命虢仲立晉哀矦之弟緡于晉。虢仲卽虢公王卿士○祭公來遂逆王后于紀禮也。杜預氏云天子娶於諸矦使同姓諸矦爲之主祭公來受命於魯故曰禮也

經戊寅九年。秦出公元年春紀季姜歸于京師。季字姜紀姓卽祭公所逆王后也往逆則稱王后自王命言之也旣歸則稱季姜由父母家言之也京師者大衆之稱○夏四月。○秋七月。○冬曹伯使其世子射姑來朝。射姑世子名曹伯有疾故使其子攝行朝禮射音亦

【傳】九年春。紀季姜歸于京師。凡諸侯之女行。唯王后書。女子謂嫁曰有行○附錄巴子使韓服告于楚。請與鄧爲好。楚子使道朔將巴客以聘於鄧。鄧南鄙鄾人攻而奪之幣。殺道朔及巴行人。楚子使薳章讓於鄧。鄧人弗受。巴國今四川重慶府境道朔楚大夫巴客即韓服也鄾鄧南鄙邑弗受言非鄾人所攻也【鄾】音憂

夏楚使鬬廉帥師及巴師圍鄾。鄧養甥聃甥帥師救鄾。三逐巴師不克。鬬廉楚大夫二甥皆鄧大夫鬬廉衡陳其師於巴師之中以戰而北。鄧人逐之背巴師而夾攻之。鄧師大敗。鄾人宵潰。衡橫北走也言鬬廉分巴師爲二部而已橫陳於其間以與鄧師戰而詐走鄧不知詐而逐之鄧已過巴師廉則自前還與戰巴自後戰而夾攻之宵夜也【衡】音橫○附錄

秋虢仲芮伯梁伯荀侯賈伯伐曲沃。芮梁荀賈皆國名○冬。曹大子來朝賓之以上卿禮也。周官典命凡諸侯之適子未誓於天子而攝其君則以皮帛繼子男故賓之以上卿此待世子之禮也享曹大子初獻樂奏而歎。施父曰曹大子其有憂乎非歎所也。初獻酒始獻也施父曹大夫言朝享所以觀揖讓之容序兩國之好非歎息之所也父音甫

經十年春王正月庚申曹伯終生卒。愚按穀梁謂桓無王此曰王者正終生之卒也胡氏駁之以爲果正諸侯之卒陳侯鮑在五年之正月曷不書王斯言當矣乃胡氏又以爲十者數之盈故十年書王紀常理也恐非通論蓋書王者史例而不書者史闕文也○夏五月葬曹桓公。無傳○秋公會衛侯于桃丘弗遇。無傳衛自宣公即位未嘗與魯通至是爲會期中變而從齊鄭故公不遇桃丘衛地○冬十有二月丙

午齊侯衛侯鄭伯來戰于郎。郎魯地書來戰者不與三國加兵于我也

【傳】十年春曹桓公卒。終施父之言◯附録虢仲譖其大夫詹父於王。詹父有辭。以王師伐虢。虢仲王卿士詹父其屬大夫也辭者自直之辭◯呂祖謙氏曰詹父虢大夫而命于天子非虢所能私討所以必譖之王此王制之尚存也履祥謂使其大夫伐其國亦王制所未有也夏虢公出奔虞。虞姬姓國◯附録秋秦人納芮伯萬于芮卽四年圍衛所執者至是納之欲以擾芮也◯附録初虞叔有玉。虞公求旃。弗獻。既而悔之。曰。周諺有之。匹夫無罪。懷璧其罪。吾焉用此。其以賈害也。乃獻之。虞國今河南虞城縣叔虞公弟旃之也言匹夫何嘗有罪蓋由人利其璧以害其身則是懷璧所以爲罪也坐肆曰賈言懷璧以待禍害之至如賈之坐而待價也賈音古又求其寶劍。叔曰。是無厭。

結魯以讐鄭之討也蓋必桓公懐疑故數會以堅其志爾

傳 十一年春齊衛鄭宋盟于惡曹。杜預氏云宋不書經闕○郭登氏曰十二年宋辭平是宋終不肯與鄭爲平也豈有○附與鄭齊衛同盟之理蓋傳衍一宋字非經闕也○録

楚屈瑕將盟貳軫。鄖人軍於蒲騷。將與隨絞州蓼伐楚師。屈瑕楚大夫貳軫二國名鄖亦國名蒲騷鄖邑隨絞州蓼四國名屈居忽反 莫敖患之。鬬廉曰。鄖人軍其郊。必不誡。且日虞四邑之至也。君次於郊郢。以禦四邑。我以銳師宵加於鄖。鄖有虞心。而恃其城。莫有鬬志。若敗鄖師。四邑必離。莫敖楚官名鄖屈瑕也虞度也四邑隨絞州蓼也邑亦國也君謂屈瑕郊郢楚地言鄖人軍於近郊日望四國之兵來會必不設備君以兵次於楚國之郊郢以遏絶四國使不得來我則統精兵乘夜以伐鄖師鄖既有虞度外

援之心而又自恃近城必不肯死戰則鄖師旣敗四國自然離散而不復至矣莫敖曰盍請濟師於王對曰師克在和不在衆商周之不敵君之所聞也成軍以出又何濟焉濟益也商紂周武王也言武王雖亂臣十人皆同心同德紂雖有億兆夷人皆離心離德此商周之不能相敵也成軍全軍也莫敖曰卜之對曰卜以決疑不疑何卜遂敗鄖師於蒲騷卒盟而還鄖旣敗四國果不至故屈瑕卒與貳軫爲盟而還○附錄鄭昭公之敗北戎也齊人將妻之昭公辭祭仲曰必取之君多內寵子無大援將不立三公子皆君也弗從公子忽敗北戎在六年取齊女也君謂莊公子謂昭公三公子謂子突子亹子儀言莊公內多寵愛子若無大國之援將不得爲君三公子之母有寵皆將恃寵以爲君也○夏鄭莊公卒初祭封人仲足有

寵於莊公。莊公使爲卿。爲公娶鄧曼。生昭公。故祭仲立之。仲足初爲祭邑封疆之人有寵於莊公因以所守祭邑爲氏即祭仲也曼鄧姓(爲)公去聲(曼)音萬宋雍氏女於鄭莊公。曰雍姞。生厲公。雍氏宗有寵於宋。莊公。故誘祭仲而執之。曰。不立突。將死。亦執厲公而求賂焉。祭仲與宋人盟。以厲公歸而立之。雍氏宋大夫姞姓以女妻人曰女宗宗族也祭仲之如宋非會非聘見誘而以行人應命女去聲。劉敞氏曰公羊謂祭仲知權若果知權宜效死勿聽使宋人知雖殺祭仲猶不得鄭宋誠能以力殺鄭忽則不待執仲而劫之如力不能而誇爲大言何故聽之又不能是則若強許焉還至其國而背之執突而殺之可也黜君以行權亂臣賊子孰不能爲此者乎。季本氏曰宋人本無納突之意特以突方在宋奇貨可居欲挾之爭國以取威於鄭而鄭大夫不相下於是宋人執仲以脅之而鄭人震懾遂開門納突逐忽而出奔爾

○秋九月丁亥。昭公奔衛。○己亥。厲公立。

經 辛巳 十有二年。鄭昭公元年 春正月。○夏六月壬寅。公會杞侯莒子盟于曲池。曲池魯地○劉氏曰或會而盟盟而同日是會之與盟合而爲一事矣則同書或會而盟盟而異日是會之與盟離而爲二事矣則異書此據其事之離合而書之者也○秋七月丁亥。公會宋公燕人盟于穀丘。穀丘宋地○八月壬辰。陳侯躍卒。無傳○公會宋公于虛。虛宋地○冬十有一月。公會宋公于龜。龜宋地○丙戌。公會鄭伯盟于武父。武父鄭地○丙戌。衛侯晉卒。無傳重書丙戌羨文也○鄭樵氏曰丙戌一日也不應再書丙戌非後中則前子○十有二月。及鄭師伐宋。丁未。戰于宋。言以鍾鼓聲其罪而伐宋而宋應之故戰于宋前書公後書及前書鄭伯後書師畧之也

鄭澄氏云凡戰不言伐者未伐而即期戰也先言伐而後言戰者既伐而始期戰也

【傳】十二年夏盟于曲池平杞莒也。隱四年莒人伐杞遂不平魯故爲盟以平之○公欲平宋鄭。秋公及宋公盟于句瀆之丘。宋成未可知也。故又會于虛。冬又會于龜。宋公辭平。故與鄭伯盟于武父。遂帥師而伐宋戰焉。宋無信也。宋以立厲公故多責賂於鄭鄭人不堪故與宋不平句瀆之丘即穀丘也桓公欲平宋鄭與宋鄭三會而卒不得其平故公怒而與鄭盟遂伐宋宋無信者言宋既許魯而中背也○金履祥氏曰善惡各以類相爲謀魯侯既弒其君兄而得國前日成宋亂今日平宋鄭爲亂何其勤也○黃震氏曰先儒嘗言宋鄭無可平之理魯桓非能平之人君子曰。苟信不繼。盟無益也。詩云。君子屢盟。亂是用長。無信也。詩小雅巧言篇言君子屢盟而不相信是長亂之道也蓋責宋之無信也〔長〕張上○附錄楚伐絞軍其南門。莫敖屈瑕曰。絞小而輕。輕則寡謀。請無扞采樵者以誘之。從之。絞人獲三十人。伐絞以治鄖人之黨也輕輕敵也扞衛也行軍之法別有役徒以供采樵之役必使正軍扞衛以往今屈瑕欲誘絞人故請無以師扞衛采樵者以誘絞人之出獲獲楚人也明日。絞人爭出。驅楚役徒於山中。楚人坐其北門。而覆諸山下。大敗之。為城下之盟而還。坐猶守也覆伏兵也楚師守其北門之歸路而設覆兵於采樵之山下遂大敗絞人城下之盟諸侯所深耻故以辱之〔覆〕浮去伐絞之役楚師分涉於彭。羅人欲伐之。使伯嘉諜之。三巡數之。羅熊姓國見楚兵涉水而渡故欲伐之伯嘉羅大夫諜伺也巡徧也三徧數其師之多少也言羅不畏楚所以見伐〔數〕音所經壬午十有三年。衛惠公元年春二月。公會紀侯鄭伯。己巳。及齊侯宋公衛侯燕人戰。齊師宋師衛師燕師敗績。

或稱人或稱師史異辭也大崩曰敗績例在莊十一年○黃震氏曰愚按此役用師者凡七國魯紀鄭爲一黨而魯爲之首若紀則懼齊欲滅紀者也若鄭則怨宋責賂於鄭者也魯則紀其自出鄭其所黨故書曰公會紀鄭此魯爲首也齊宋衛燕爲一黨而齊爲之首若齊衛於魯則有戰於郎之怨若宋於魯則有戰于宋之怨若燕則比宋興兵謂魯穀丘之盟爲不信而齊則欲滅紀又德鄭忽而助忽攻突且怒魯之屢盟以平突是齊於魯紀鄭皆有憾故言齊爲主兵此齊爲首也○郭登氏曰此段經文最爲明白葢去年十一月魯桓與鄭厲會于武父十二月伐宋戰于宋今年與紀鄭及齊宋衛燕戰而勝之左氏於齊字下此經文增一與字似謂魯紀鄭齊同戰宋衛燕也苟如此下文明書齊師宋師衛師燕師敗績則前後文理不通矣或曰宋與魯戰或曰鄭與宋戰或曰紀與齊戰皆非也葢齊合宋衛燕三國伐紀欲滅之魯

爲紀之親戚求兵于鄭往救之戰于紀地而勝之也〇三月。葬衛宣公。無傳〇夏。

大水。無傳紀異也〇秋七月。〇冬十月。無傳

傳十三年〇附錄春楚屈瑕伐羅。鬭伯比送之。還謂其御曰。莫敖必敗。舉趾高。心不固矣。遂見楚子曰。必濟師。楚子辭焉。伐羅報其去年欲伐楚也趾足也言屈瑕恃其伐絞之功志氣驕盈故因其舉足高而知其警備之心必不固也伯比難言屈瑕必敗故以益師諷諫楚子不解其意故拒之入告夫人鄧曼。鄧曼曰。大夫其非衆之謂。其謂君撫小民以信。訓諸司以德。而威莫敖以刑也。莫敖狃於蒲騷。之役。將自用也。必小羅。君若不鎮撫。其不設備乎。大夫指伯比狃習慣也言伯比此意非在於益衆也其謂楚王撫慰士卒小民以恩信教訓諸司將佐以令德

而以嚴明之政威莫敖使之畏懼以治國之大事也所以然者緣莫敖十一年敗鄖於蒲騷遂習慣而恃以爲常將不信人言小羅國而忽之王若不鎮壓而撫綏之則屈瑕必不設備以取敗也

夫固謂君訓衆而好鎮撫之。召諸司而勸之以令德。見莫敖而告諸天之不假易也。不然。夫豈不知楚師之盡行也。諸之也申言伯比之意蓋欲楚王教訓士卒而以恩信好鎮撫之召諸司將佐而勸勉之以令德見莫敖而告以上天之意不假借慢易之人必須儆懼乃能成功此則伯比請濟師之謂若其不然則伯比已知楚兵盡行又何以有濟師之請也易去聲

楚子使賴人追之。不及。賴人仕於楚者

莫敖使徇于師曰。諫者有刑。及鄢。亂次以濟。遂無次。且不設備。及羅。羅與盧戎兩軍之。大敗之。莫敖縊于荒谷。羣帥囚于冶父。以聽刑。徇宣令也鄢鄢水亂次亂其行列也盧戎

南蠻也兩軍之言兩國相夾攻也荒谷治父皆楚地○孫應鰲氏曰諫者有刑此屈瑕之所以敗

楚子曰。孤之罪也。皆免之、諸侯自稱曰孤蓋王以不聽諫自咎也

○宋多責賂於鄭。鄭不堪命。故以紀魯及齊與宋衛燕戰。不書所戰。後也。經不書所戰之地公後期不及其戰也

鄭人來請脩好。

[經]癸未

十有四年。春正月。公會鄭伯于曹。會鄭伯脩十二年武父之好也以曹地曹亦與會也

○無氷無傳書時失也○湛若水氏曰書無氷於春正月之下是周以子為春正月見正朔改而月數不改之說非也

○夏五杜預氏云不書月闕文也或謂此春秋成後而傳者闕之不然聖人專筆削豈不能刊正亦通○鄭樵氏曰疑則闕之如夏五之闕其月之類是也○湛若水氏曰春秋所謂筆者存而書之也所謂削者去之而不存也聖人於史舊文有損無益故曰其文則史其義則丘竊取之也後儒以一字而取義者盍亦觀此夏五之闕文而有悟乎

○鄭伯

使其弟語來盟。凡外大夫請盟於魯則曰來盟內大夫請盟於彼則曰涖盟而所與盟者皆其君也 ○ 秋八月壬申御廩災。御廩公所親耕以奉粢盛之倉也天火曰災 ○ 乙亥嘗。嘗秋祭也 ○ 冬十有二月丁巳齊侯祿父卒。無傳 ○ 宋人以齊人蔡人衛人陳人伐鄭。傳例能左右之曰以林堯叟氏云以一國而用諸侯之師於是始此伯者所由興也

傳十四年春會于曹。曹人致餼禮也。會於曹故曹人致生餼之餽得地主之禮也 ○ 夏鄭子人來尋盟且脩曹之會。子人即弟語其後爲子人氏尋武父之盟脩曹會之好 ○ 趙鵬飛氏曰鄭突之立恃祭仲而已國人不與也外恃魯而已鄰國不與也使其弟來盟或者諸大夫不心乎突也 ○ 秋八月壬申御廩災乙亥嘗。書不害也。災其屋不及穀不妨祭祀故經先書廩災後書嘗以見不害 ○ 按公羊謂遇災

不如勿嘗劉氏辨曰見災而懼可矣豈可廢宗廟之祭穀梁又謂以災餘者祭爲不共鄭氏辨曰廟祀必十日戒宰越三日而嘗則粢盛已出廩乙亥嘗非災之餘也然則嘗常事也何以書爲御廩災不害而嘗故書左氏得之○冬宋人以諸侯伐鄭報宋之戰也焚渠門入及大逵伐東郊取牛首以大宮之椽歸爲盧門之椽宋戰在十二年渠門鄭城門大逵門內九軌之逵也東郊鄭郊牛首鄭邑大宮鄭祖廟椽即榱也盧門宋城門以鄭祖廟之椽爲宋城門之椽辱之也大音泰

【經】甲申十有五年齊襄公秦武公元年春二月天王使家父來求車家父凡伯○三月乙未天王崩無傳○趙鵬飛氏曰此後莊王僖王不書崩見王室不告魯之不赴著諸侯之不臣也○夏四月己巳葬齊僖公無傳○五月鄭伯突出奔蔡突以世子而奪嫡又不能自固反爲賊盜之計故書奔以罪之

例在昭三年○陸淳氏曰逐君之臣其罪易知也君而見逐其惡甚矣聖人之教在乎端本清源故凡諸侯之奔皆不書其所逐之臣而以自奔爲名所以警乎人君也 鄭世子忽復歸于鄭 歸稱世子以其爲前日當立者也稱復歸者旣絕而復歸歸之正也復歸例在成十八年○杜預氏曰忽爲大子有母氏之寵宗卿之援有功於諸侯此大子之盛者也而守介節以失大國之助知三公子之彊不從祭仲之言脩小善絜小行從匹夫之仁忘社稷之大計故君子謂之善自爲謀言不能謀國也父卒而不能自君鄭人亦不君之出則降名以赴入則逆以太子之禮始於見逐終於見殺三公子更立亂鄭國者實忽之由○ 許叔入于許 許叔莊公弟隱十一年鄭使許大夫奉許叔居許東偏是年鄭亂許叔度鄭之力不能與己爭故自入其國而君之杜預氏云許人嘉之故以字告胡傳云入者難詞也○ 公會齊侯于艾 艾齊地○ 邾人牟人葛人來朝 無傳三人皆附庸世子牟今山東福山縣葛今河南寧陵縣○ 秋九月鄭伯突入于

櫟櫟鄭別都杜預氏云未得國直書入無義例也【櫟】音歷○冬十有一月公會宋公衛侯陳侯于袲伐鄭袲宋地三國之君先行會禮而後伐鄭見其先疑而後決也【袲】音侈

【傳】十五年春天王使家父來求車非禮也諸侯不貢車服天子不私求財命車命服上之所以賜下故諸侯不以車服為貢諸侯有常職貢故天子不私求財○祭仲專鄭伯患之使其壻雍糾殺之將享諸郊祭仲既逐昭公而納厲公遂專鄭政厲公患之將設享於鄭郊而殺之雍姬知之謂其母曰父與夫孰親其母曰人盡夫也父一而已胡可比也遂告祭仲曰雍氏舍其室而將享子於郊吾惑之以告雍姬欲告則殺夫不告則殺父故以為疑比同也言凡人皆可以嫁而為

夫人我者一父而已不可以父之親而同於夫也室即家也子揣其父言雍糾不在家設享而將身父於郊外我心疑之故以告○愚按君欲殺臣而委其婿婿欲殺其妻之父而告其女所謂謀之不臧不足論已然則女宜如之何父一父也夫亦一夫也既思所以全其父又思所以保其夫上也不幸父死則死父夫死則死夫次也外此無策矣昔周大夫妻淫於鄰恐大夫覺之置毒於酒使婢進焉婢自語曰進之則殺主父告之則殺主母乃僵仆覆酒因得兩全惜乎雍姬之不踰此也

祭仲殺雍糾。尸諸周氏之汪。公載以出曰。謀及婦人。宜其死也。汪池也周氏鄭大夫殺而暴其尸以示戮也厲公愍其見殺故載其尸共出國○張洽氏曰諸侯苟能制節謹度用賢愛民自足以守其社稷何至位南面之尊秉一國之權而爲臣民之所逐哉寔以庶孽奪嫡初與權臣比而篡位又與其親戚謀殺之爲反覆盜賊之計自取亡也

夏。厲公出奔蔡厲公畏祭仲害己故出奔

○六月乙亥。昭公入。厲公既出奔故世子忽復入國

○許叔

入于許。○公會齊侯于艾。謀定許也。許叔既入其國，故謀定之。○郭登氏曰：自十年來戰于郎之後，相爲仇敵，至是復與其子通好，彭生之禍兆端于此。魯與齊、鄭與入許，今復與齊定許，豈以入許之罪歸之鄭莊，而欲自解耶。○秋。鄭伯因櫟人殺檀伯。而遂居櫟。檀伯，鄭守櫟大夫。○冬。會于袲。謀伐鄭。將納厲公也。弗克而還。弗克，弗克納也。

【經】乙酉 十有六年。鄭昭公元年 春正月。公會宋公、蔡侯、衛侯于曹。○夏四月。公會宋公、衛侯、陳侯、蔡侯伐鄭。春秋先蔡而後衛陳，今序蔡於衛陳下。杜預氏以爲後至也。○呂大圭氏曰：會于曹，蔡先衛；伐鄭，則衛先蔡。於以見當時諸侯皆以目前之利害而不復用周班也。○秋七月。公至自伐鄭。○冬。城向。向，魯邑。杜預氏云：傳曰書時也，而下有十一月，舊說因謂傳誤。此城向亦俱是十一月，但本事異各隨本而書之耳經書夏叔弓如滕五月葬滕成公傳云五月叔弓如滕即知但稱時者未必與下月異也○十有一月衛侯朔出奔齊。以朔讒搆取國故不言二公子逐而書曰奔罪之也

傳十六年春正月會于曹謀伐鄭也。前年冬謀伐鄭不克今復謀之○夏伐鄭。○王葆氏曰突之未出也宋欲有所責故嘗伐之既出也宋懼無所得又欲納之始鄭不和魯嘗以鄭伐宋及突既出魯又與宋伐鄭反覆皆私也○秋七月公至自伐鄭以飲至之禮也。飲至禮詳在桓二年○冬城向書時也○初衛宣公烝於夷姜生急子屬諸右公子為之娶於齊而美公取之生壽及朔屬壽於左公子。上淫曰烝夷姜宣公庶母屬副托也右公子即職左公子即洩左右媵之子因以為號屬音燭為去聲夷姜縊。宣姜

與公子朔構急子。公使諸齊。使盜待諸莘。將殺之。壽子告之使行。不可。曰。棄父之命。惡用子矣。有無父之國則可也。及行。飲以酒。壽子載其旌以先。盜殺之。急子至。曰。我之求也。此何罪。請殺我乎。又殺之。夷姜縊以失寵故謚從夫謚故曰宣姜齊姓卽所取急子之妻搆會其過惡也莘衛地今山東莘縣使行使去他國也及行將赴盜所也欲竊其旌故飲以酒以旌有識故載其旌我之求者言君欲使汝殺我而來此謂壽子二子乘舟詩序所謂衛宣公二子爭相爲死者卽此也○愚按方宣公使盜殺急而壽以告之且勸之行於是乎急可以去矣而曰棄父命也卒不去及壽載旌先往且代之死於是乎急可以不死矣而曰我之求也卒死之嗚呼父命固不可逃矣不曰從治命不從亂命乎上以掩其父之惡下以成其弟之志庶幾爲得於禮而乃汲汲焉惟死之爲安非所謂好仁而愚者哉或曰然則申生之死非歟曰申生不欲被弒父之名以出急則無此名也可以出而不死矣二公子故怨惠公。十一月。左公子洩右公子職立公子黔牟。惠公奔齊。惠公卽公子朔黔牟羣公子急子母弟故立之

【經】丙戌十有七年。春。正月。丙辰。公會齊侯紀侯盟于黃。黃齊地○二月。丙午。公會邾儀父盟于趡。趡魯地稱字義與蔑盟同【趡】翠軌反○汪克寬氏曰下書伐邾則盟趡不待貶而惡自見矣○夏。五月。丙午。及齊師戰于奚。奚魯地傳例皆陳曰戰○吳澂氏曰盟黃未幾而齊來侵境矣平紀之信豈足恃乎○六月。丁丑。蔡侯封人卒。○秋。八月。蔡季自陳歸于蔡。季字蔡侯之弟歸順詞○癸巳。葬蔡桓侯。無傳春秋諸侯葬皆稱公而蔡桓獨稱侯者蓋傳寫之誤也或曰季賢而以本爵來赴故史因其所赴而書之○及宋人

衛人伐郱。○冬十月，朔日有食之。杜預氏云甲乙者歷代紀也晦朔者日月之會也日食不可以不存晦朔晦朔須甲乙而可推故日食必以書朔日爲例

【傳】十七年春，盟于黃，平齊紀，且謀衛故也。齊欲滅紀故魯爲盟以平齊紀衛逐其君故三國爲盟而幷謀衛○黃震氏曰齊之圖紀於是十有二年矣魯爲紀納后於王故紀雖從魯鄭敗齊而齊僖不敢報怨齊僖猶畏義也僖公卒而襄公立春與魯盟黃夏與魯戰于奚齊且無魯豈爲魯存紀故紀卒爲齊所滅

○及郱儀父盟于趡，尋蔑之盟也。蔑盟在隱元年

○夏，及齊師戰于奚，疆事也。言争疆界之事也(疆)居良反

於是齊人侵魯疆，疆吏來告。公曰：「疆場之事，愼守其一，而備其不虞，姑盡所備焉，事至而戰，又何謁焉？」告謁也言疆場之事當謹守其一定之規而備其出於意外者汝且盡守禦之方以俟有事則與之戰不

必來告也[埸]音亦○郭登氏曰彊埸相侵必當申以文告之辭至不得已然後交兵可也若曰有事則與之戰何必來告豈爲國之道哉

○蔡桓侯卒。蔡人召蔡季于陳。桓侯無子故召季

秋。蔡季自陳歸于蔡。蔡人嘉之也。杜預氏云季于內得國人之望外有諸侯之助故書字以善得衆稱歸以明外納○愚按鄭夾漈謂蔡侯無嗣國人召其弟于陳而立之是爲哀侯獻舞是季即獻舞也何休氏又謂蔡侯欲立獻舞而疾季季避之陳蔡侯卒季歸奔喪無怨心是以季與獻舞爲二人也紛紛諸說姑闕其疑可焉

○伐郳。宋志也。郳宋爭彊魯從宋志故背盟以伐郳

○冬十月朔日有食之。不書日。官失之也。經不書日之支干以日官失之也

天子有日官。諸侯有日御。日官居卿以底日。禮也。日御不失日。以授百官于朝。日官天子之典歷數者日御諸侯之典歷數者底平也言天子日官居卿之位以平歷數班于諸侯此敬授人時之禮也

歷既班矣然後諸侯奉天子之歷使日御掌之凡遇有事之日則授百官于朝今不知日之支干是知天子日官之失也（底）音紙○附錄

初鄭伯將以高渠彌爲卿。昭公惡之。固諫不聽。昭公立。懼其殺己也。辛卯。弒昭公而立公子亹。公子亹昭公弟（惡）去聲君子謂昭公知所惡矣。公子達曰。高伯其爲戮乎。復惡已甚矣。弒君者人臣之極惡昭公惡其人其人果行大惡是昭公惡之不妄也故曰知所惡公子達魯大夫高伯卽高渠彌復重也言本爲昭公所惡而復弒君是重爲惡也先載君子之議後陳子達之言是達聞其言而評之也（上）惡去聲（復）音服○孔穎達氏曰韓非子以爲君子言知所惡者非多其知之名而嫌其心不斷也曰知之若是其明也而不早誅焉以及於死故言知所惡以見其無斷也

【經】丁亥十有八年。蔡哀侯鄭子儀元年春王正月。公會齊侯于濼。

濼水名今山東歷城縣北濼音鹿公與夫人姜氏遂如齊。公本與夫人其行至濼而公與齊侯獨行會禮故先書會濼既會而夫人相隨至齊故書遂與者許可之詞罪在公也○蘇轍氏曰桓公千乘之君而陷于一婦人之手夫子以爲文姜之不足譏而傷于桓公制之不以漸也故書曰遂如齊言其禍自公作也○夏四月丙子公薨于齊。不言彭生戕之爲公諱也

丁酉公之喪至自齊。無傳○姜寶氏曰春秋弑例有二在內則以不地見其弑在外不容不書其地則以上下特異者見之此書公會齊侯于濼公與夫人遂如齊公薨于齊公喪至自齊夫人孫于齊雖無傳亦知公之不得其死賊在齊侯而釁由夫人矣○秋七月。○冬十有二月己丑葬我君桓公。無傳九月乃葬緩也

【傳】十八年春公將有行遂與姜氏如齊。將有行將申議出行也

繻曰女有家男有室無相瀆也謂之有禮易此必敗。

女安夫之家男安妻之室無相瀆亂乃爲夫婦之禮公會齊侯于濼。遂及文姜如齊。齊侯通焉。公謫之以告。謫責也公知之而責文姜文姜以公責已告于齊侯也○夏四月丙子。享公。使公子彭生乘公。公薨于車。上車曰乘史記云襄公使力士彭生抱上魯君車用摺殺魯桓公公下車則死矣○劉知幾氏曰君父見害臣子所恥義當畧諱不忍斥言故左氏敘桓公在齊遇害而云彭生乘公薨於車魯人告于齊曰。寡君畏君之威。不敢寧居。來脩舊好。禮成而不反。無所歸咎。惡於諸侯。請以彭生除之。齊人殺彭生。惡恥辱也言魯國不知君死之由無所歸其怨咎恐恥辱于諸侯請殺彭生以除魯君之耻辱此傳爲莊公八年齊侯見豕張本○附録秋。齊侯師于首止。子亹會之。高渠彌相。七月戊戌。齊人殺子亹而轘高渠彌。祭仲逆鄭子于陳而立之。首止衛地陳師首止討鄭弒君也子亹不知齊之討已故來會車裂曰轘鄭子昭公弟子儀也（轘）音患是行也祭仲知之故稱疾不往人曰祭仲以知免仲曰信也。時人譏仲失君臣之節而以知不往免於齊國之討仲以子亹爲渠彌所立已欲討之而不能故然其言以明本意（知）音智○附録周公欲弒莊王而立王子克辛伯告王遂與王殺周公黑肩王子克奔燕。莊桓王太子克其弟字子儀黑肩周公名辛伯周大夫燕南燕今河南胙城縣初子儀有寵於桓王桓王屬諸周公辛伯諫曰並后匹嫡兩政耦國亂之本也周公弗從故及屬付托也辛得寵而如嫡后庶子得寵而如嫡子臣擅國政而如二君大都勢彊而如二國四者有一皆致亂之本辛伯以子儀庶子而匹嫡欲使周公稍裁抑之以銷禍難及謂及於難也（屬）音燭○呂祖謙氏曰辛伯之諫纔數字爾漢高祖犯之而有人彘之禍唐高祖犯之而有武氏之篡晉獻公犯之而有里克之釁隋文帝犯之而有張衡之逐齊簡公犯之而有田闞之亂齊王芳犯之而有曹馬之争晉元帝犯之而有武昌之叛唐明皇犯之而有范陽之變亦天下之甚可畏者

春秋左傳註評測義卷之四 終

春秋左傳註評測義卷之五

明吳興後學凌稚隆輯著

莊公一

公名同桓公之子母文姜在位三十有二年謚法勝敵克亂曰莊

【經】戊子周莊王元年元年。陳莊公七年杞惠公三十一年宋莊公十八年齊襄公五年秦武公五年晉侯緡十二年楚武王四十八年衛惠公七年蔡哀侯二年鄭子儀二年春王正月。○三月。夫人。孫于齊。夫人莊公母文姜也魯人責之故出奔內諱奔故云孫孫猶言孫讓而去也【孫】音遜○夏。單伯送王姬。無傳【單】音善○秋。築王姬之館于外。公在諒闇之內慮齊侯當來親迎不忍便以全吉之禮接賓於廟又不敢逆王命辭主昏故築舍于外使齊侯從外迎之○冬。十月。乙亥。陳侯林卒。無傳○王使榮叔來錫桓公命。無傳榮氏叔字周大夫錫賜也蓋褒稱其德而追賜之命也○王姬歸于齊。無傳書歸于齊以著桓公忿親釋怨之罪○齊師遷紀郱鄑郚。無傳齊欲滅紀故徙其三邑之民而取其地此經書遷之始〔郱〕音萍〔鄑〕音茲〔郚〕音吾

〔傳〕元年春不稱即位文姜出故也。文姜與桓同行而桓為齊所弒文姜不敢還故莊公不忍行即位之禮○三月夫人孫于齊。不稱姜氏絕不為親禮也。經但書夫人不稱姜氏者蓋姜氏與兄為姦而弒其夫于義絕矣故去其姓氏不以為親當然之理也○秋築王姬之館于外。為外禮也。齊彊魯弱魯不能讎齊既不敢辭王命又不欲見齊侯因其喪制未闋故異其禮築之于外得禮之變也○愚按左氏但知衰麻不可以接弁冕故以築館于外為得禮之變而不知忿親釋怨以主仇敵之昏姻則雖于外焉而亦非也

經　己丑二年。陳宣公元年　春王二月葬陳莊公。無傳魯往會之故書○

夏公子慶父帥師伐於餘丘。無傳慶父莊公庶兄於餘丘國名○秋

七月齊王姬卒。無傳○愚按莊公昧於復讎之義釋怨而主昏故經書逆女書築館書歸書卒辭繁而不殺皆以病莊公也○冬十有二月夫人姜氏會齊侯

于禚。禚齊地禚音灼○乙酉宋公馮卒。無傳馮音憑

傳　二年冬夫人姜氏會齊侯于禚書姦也。姜氏出奔之後至此復會齊侯會非夫人事言會非正也後書出會其義皆同

經　庚寅三年。宋閔公元年　春王正月溺會齊師伐衛。溺魯大夫○

夏四月葬宋莊公。無傳○五月葬桓王○秋紀季以酅

入于齊。季紀侯弟酅紀邑今山東臨淄縣東有酅亭齊欲滅紀故季以邑入齊為附庸書字善其

能存宗祀也〔鄭〕音攜○冬公次于滑。滑鄭地今河南睢州西北有滑亭此經書次之始

〔傳〕三年春溺會齊師伐衛疾之也。疾其會仇讎伐同姓故去氏○夏五月葬桓王緩也。桓以十五年崩至是始葬故云緩○秋紀季以酅入于齊紀於是乎始判。判分也言紀分為附庸始于此○冬公次于滑將會鄭伯謀紀故也鄭伯辭以難。鄭伯子儀也謀紀為紀謀也時厲公在櫟故子儀辭以厲公之難〔難〕去聲○張洽氏曰公欲閔紀之難而度其身終不能救故次師於滑將以鄭之不去而辭于紀爾彼於父之仇且忘之而不圖豈有真心於存紀哉故書次見出師無名以深譏之凡師一宿為舍再宿為信過信為次。此釋經書次之例

〔經〕辛卯四年春王二月夫人姜氏享齊侯于祝丘。無傳享食也禮姑姊妹已嫁而反兄弟不與同席而坐書夫人享齊侯以其非禮也祝丘魯地○三月紀

伯姬卒。無傳伯姬紀侯夫人即隱二年裂繻所逆者外夫人不卒此書卒以吾女也○夏。齊侯陳侯鄭伯遇于垂。無傳胡傳云此鄭伯即厲公非子儀也○紀侯大去其國。大去者不反之辭紀侯以齊志欲吞并度不可免故齊兵未加即先弃去有季存酅則非滅也故不書滅不因逐出則非奔也故不書奔○六月乙丑齊侯葬紀伯姬。無傳齊侯弃人之國欲以葬伯姬示仁故告葬期而魯往會爾○秋七月○冬公及齊人狩于禚。無傳禚齊地以國君之重越境而與齊之微者俱狩失禮可知

傳四年附錄春王三月楚武王荊尸授師子焉以伐隨。荊楚舊邑尸陳也武王更爲楚陳兵之法子戟也以戟授其師衆蓋楚始于此用戟爲陳也將齊。入告夫人鄧曼曰余心蕩。將授兵于廟故先齊蕩動散也齊者其心純一武王將齊而心怨動散故驚而入告夫人也曼鄧姓國齊音齋鄧曼歎曰王祿盡矣盈

而蕩。天之道也。先君其知之矣。故臨武事。將發大命。而蕩王心焉。若師徒無虧。王薨於行。國之福也。楚本小國至武王始僭號稱王陳兵授師志意盈滿故鄧曼指武王僭王以爲盈而曰蕩盈益謙天道自然楚之宗廟先君知其祿之將盡所以臨戎而齋其心蕩散也行謂行道之間王遂行。卒於樠木之下。樠木木名今湖廣承天府樠木山有楚子廟樠音郎令尹鬬祁莫敖屈重除道。梁溠。營軍臨隨。隨人懼。行成。除治也梁橋溠水也營軍壘也時秘不發喪故設爲奇兵更開直道駕橋渡水築營壘以臨隨示爲持久之計故隨懼而行成莫敖以王命入盟隨侯。且請爲會於漢汭而還。濟漢而後發喪。水曲曰汭請會漢汭示隨不疑也濟漢師濟漢水也汭音芮

○紀侯不能下齊以與紀季。紀侯不能降屈事齊盡以其國與其弟季下去聲夏。紀侯大去其

國。違齊難也。【難】違避也去聲

【經】壬辰 五年。楚文王元年 春王正月。○夏夫人姜氏如齊師。無傳齊侯數出會淫以其無名乃托以征伐之事文姜於是會之 ○秋郳犁來來朝。郳即小邾魯附庸國今山東滕縣境犁來名 ○冬公會齊人宋人陳人蔡人伐衛。

【傳】五年秋郳犁來來朝名未王命也。言未王命者解其稱名之意由未得爵命為諸侯也其後王命為小邾子 ○冬伐衛納惠公也。惠公朔也三年齊師會魯伐衛以納朔而不克納故今又會四國之兵以納

【經】癸巳 六年春王正月王人子突救衛。王人王之微官子突其字也以微官從大夫之例而稱字善救衛也此經書救之始也○林堯叟氏曰自救衛無功而後王命益不行於

天下○夏六月。衛侯朔入于衛。朔殺其兄又逆王命故書名書入以著其惡○秋。公至自伐衛。無傳○螟。無傳為災○冬。齊人來歸衛俘。俘囚也諸傳皆稱衛寶惟此經言俘疑經誤

【傳】六年春王人救衛。○夏。衛侯入。放公子黔牟于周。放甯跪于秦。殺左公子洩。右公子職。乃即位。宥之以遠曰放黔牟即左右公子所立者甯跪衛大夫黔牟子之黨(甯)音佞　君子以二公子之立黔牟為不度矣。夫能固位者。必度其本末而後立衷焉。不知其本不謀。知本之不枝。弗強。詩云本枝百世。衷中也言以人臣立君猶人植木必度其本之宜立與否又度其末之終能強盛與否而後折中焉而立之使不知其本之宜立與否則不謀其事或其本雖宜立而度其枝之不能昌則亦不強行其事詩大雅

文王篇言文王本枝皆茂故蕃滋百世今黔牟雖或可立而孤窮寡弱終致危亡故以二公子爲不度○愚按二公子訃朔而立黔牟義之正也不幸而無成乃遂以不度譏之豈春秋善救衛意哉葢左氏以成敗論人類如此○冬齊人來歸衛寶文姜請之也。文姜淫於齊侯故請其所獲衛寶使以歸魯欲說魯以謝慙也○家鉉翁氏曰桓莊二公皆黨篡逆以要厚賂宋之鼎衛之寶其事之尤著者也○附錄楚文王伐申過鄧鄧祁侯曰吾甥也止而享之。祁謚也姊妹之子曰甥文王葢夫人鄧曼所生也騅甥聃甥養甥請殺楚子鄧侯弗許三甥曰亡鄧國者必此人也若不早圖後君噬齊其及圖之乎圖之此爲時矣三甥皆鄧甥仕于舅氏者後君噬齊言後雖悔之譬如自齧齊腹不可及也騅音錐鄧侯曰人將不食吾餘對曰若不從三臣抑社稷實不血食而君焉取餘。弗從。不食吾餘言人將賤我雖殘餘之食亦將不以食我也一云三甥欲置毒於飲食中殺之故鄧侯云然凡宗廟之祭必薦毛血故云血食三甥言鄧國必爲楚所滅雖社稷之神不得享其血食君將何處求其餘食也○愚按三甥察見楚子之爲人其志非滅鄧不已也則曷不勸君自強其國以爲異日拒楚地而徒欲僥倖謀一楚子藉令楚子而死者楚寧無君乎而諸侯之強于鄧者何限又寧無聲罪而滅鄧者乎甚矣三甥之無謀也厥後鄧滅于楚蓋亦有由非三甥之言之中還年。楚子伐鄧。十六年。楚復伐鄧。滅之。還年伐申還之年魯莊公十六年也

【經】甲午七年。春。夫人姜氏會齊侯于防。防魯地○夏。四月。辛卯。夜。恒星不見。恒星星之常見者夜中。星隕如雨。隕墜也○秋。大水。無傳無麥苗。周之秋今五月也熟麥及五稼之苗皆爲水所漂殺○冬。夫人姜氏會齊侯于穀。無傳穀齊地今山東阿縣境有穀城○愚按春秋或書齊侯至

于魯或書夫人至于齊或書會于齊地或書會于魯地無所事事公爲淫邪之行聖人不一而書其惡自著

【傳】七年春文姜會齊侯于防齊志也杜預氏云文姜數與齊侯會至齊地則姦發夫人至魯地則齊侯之志故傳畧舉二端以言之○夏恒星不見夜明也夜無日光則暗而恒星見不見者夜有月光明如晝也星隕如雨與雨偕也如似也言其狀似雨不可爲數偕同也即如字之義言與雨同蓋傳釋經之意也杜預氏訓如爲而訓偕爲俱謂星落而且與雨俱下此亦一說○秋無麥苗不害嘉穀也不害嘉穀言黍稷尚可更種也○愚按春秋書無麥苗以志災也如必曰不害嘉穀何益于教而聖人書之

【經】乙未八年春王正月師次于郎以俟陳人蔡人無傳公將與陳蔡有事於郕而陳蔡不至故駐節于郎以待之書次書以俟責其無名而妄動也○甲午

治兵。○夏師及齊師圍郕。郕降于齊師。○秋師還。還音旋○冬十有一月癸未。齊無知弑其君諸兒。無知不稱公孫而以國氏罪僖公不待以公孫之道也

傳 八年春。治兵于廟。禮也。凡師行必告于大廟而奉祧廟之主以行故云治兵于廟蓋魯將與陳蔡伐郕俟而不至衆心不一故申明約束以整齊之得行師之禮○夏師及齊師圍郕。郕降于齊師。仲慶父請伐齊師。二國合兵圍郕而齊獨受其降故慶父欲伐之公曰。不可。我實不德。齊師何罪。罪我之由。罪我之由言罪由我之無德也皐陶二句虞書大禹謨之文而曰夏書者蓋君子未刪定之前名爲夏書也邁過種衆也言皐陶有過衆之德自然爲人所降服也夏書曰。皐陶邁種德。德乃降。姑務修德以待時乎。秋。師還。君子是以善魯

莊公。善其不伐齊而罪已也○愚按君子而善莊公乎哉竊謂其次郕也爲無名其治兵也爲黷武其圍郕也爲無功其歷三時而師還也爲害民故春秋備書以著其惡而至于郕降齊而不之爭者畏齊之強自當不敢爭爾烏得以其一言之遜而遂善之○齊侯使連稱管至父戍葵丘。瓜時而往。曰及瓜而代。期戍。公問不至。請代。弗許。故謀作亂。連稱管至父皆齊大夫戍守也葵丘齊地在今河南考城縣東瓜時瓜熟之時期周一年也問命也[稱]去聲[期]音基僖公之母弟曰夷仲年生公孫無知有寵於僖公。衣服禮秩如適。襄公絀之。二人因之以作亂。僖公之同母弟襄公之叔父也如適如大子也絀減其恩數也二人連管也[絀]音黜連稱有從妹在公宮。無寵。使間公。曰捷吾以女爲夫人。間公伺公之間隙也捷克也言事若克捷吾以女爲夫人以報女功此連稱宣無知之言也[從]去聲[女]音汝冬十二月齊侯游于姑棼遂田于貝丘見大豕從者曰公子彭生也公怒曰彭生敢見射之豕人立而啼公懼隊于車傷足喪屨反誅屨於徒人費弗得鞭之見血走出遇賊于門劫而束之費曰我奚御哉袒而示之背信之費請先入伏公而出鬬死于門中石之紛如死于階下遂入殺孟陽于牀曰非君也不類見公之足于戶下遂弑之而立無知姑棼貝丘皆齊地今山東博興樂安二縣南有貝中聚田獵也彭生死而爲妖公見大豕從者皆見彭生豕人豕忽作人也喪失也反旣獵而反也誅責也徒人車下步行者費其名也賊即作亂者束縛也御禦也費言我不爲君御禦汝曹乃肉袒而示賊以鞭背之創賊見其背創而信之費乃詐欲助賊請先入爲計遂告公以亂而匿之然後出而

鬪賊爲賊所殺石之紛如齊小臣亦鬪死孟陽亦齊
小臣詐爲襄公居牀上爲賊所殺〔從〕去聲〔見〕音現〔射〕
音石〔隊〕音墜〔塈〕去聲〔費〕音秘○汪克寬氏曰徒人費
石之紛如孟陽死於襄公之弑皆不得以死節書蓋
近暱嬖倖之臣從君於昏而任其禍未可以死節許之也初襄公立。無常。鮑叔牙
曰。君使民慢。亂將作矣。奉公子小白出奔莒。亂作。管
夷吾召忽奉公子糾來奔。無常政令不常也使民慢
如葵丘期戍公問不至請代弗許是也小白僖公庶子即桓公也叔牙小白之
傅子糾亦僖公庶子管奚吾召忽子糾之傅莒今山
東莒州杜預氏云爲九年公伐齊納子糾齊小白入
于齊傳○朱子曰程子以薄昭之言證桓公爲兄而
荀卿嘗謂桓公殺兄以争國其言固出於薄昭之前
未必以此證其必然但以公穀春秋所書之文爲據
參以夫子但稱管仲之功而不言其罪可見不死子
糾之難無害於義而桓公子糾之長少亦從以明矣
○鄭曉氏曰管仲召忽于公子糾君臣之義未定也
故死之未足深嘉不死未足多誚死事甚難立功亦

不易故仲尼但美仲之功不嫌忽之死自經溝瀆指忽也○初公孫無知虐于雍廩雍廩齊大夫杜預氏云爲殺無知傳

【經】丙申九年齊桓公元年春齊人殺無知人者衆稱討賊之辭無知不稱君非所當立齊人不以爲君也○公及齊大夫盟于蔇大夫來者非一人故不稱名蔇魯地今山東沂州境有蔇亭蔇音器○夏公伐齊納子糾齊小白入于齊公雖與齊大夫盟恐其不納故伐之納者強致之詞入者難詞桓公書齊小白言當有齊也於子糾止書名不言齊以不當有齊也○秋七月丁酉葬齊襄公無傳○八月庚申及齊師戰于乾時我師敗績桓公既立而魯師猶不退遂與齊師戰而大敗乾時齊地在今山東臨淄縣不書公戰公敗爲公諱也○九月齊人取子糾殺之書齊人幷其國人罪之也取易辭也始以納之爲非故去子以明其不當納終以殺之爲

非故又稱子以明其不當殺○冬浚洙無傳洙水名浚深之爲齊備也洙音殊

【傳】九年春雍廩殺無知○公及齊大夫盟于蔇齊無君也齊無君故與大夫盟蔇欲迎子糾也○夏公伐齊納子糾桓公自莒先入○秋師及齊師戰于乾時我師敗績公喪戎路傳乘而歸時公喪其所乘之兵車遂乘他車而歸魯喪傳乘並去聲秦子梁子以公旗辟于下道是以皆止秦子梁子公之御及戎右也止獲也公既失戎車二子恐爲齊所禽以公旗辟于幽處以誤脫公而二子竟爲齊所獲鮑叔帥師來言曰子糾親也請君討之管召讎也請受而甘心焉來言來與魯言也言子糾乃桓公之弟不忍自殺故請魯爲我殺之管召射中桓公我之讎也請以與我我將快意而戮殺之蓋鮑叔欲生得管仲故托辭以誘魯爾乃殺子糾于生竇召忽死

之。管仲請囚。鮑叔受之。及堂阜而稅之。歸而以告曰。管夷吾治於高傒。使相可也。公從之。生竇魯地管仲知鮑叔必欲薦已故請囚堂阜齊地在今山東蒙陰縣境稅解其縛也夷吾即管仲高傒齊上卿字敬仲言管仲治理之才多於敬仲可使相國稅音脫傒音兮○愚按經書齊人取子糾而殺之而傳稱魯殺子糾如果魯爲齊殺仲尼欲爲魯諱則書齊殺子糾足矣何必曰取而殺之益論語云桓公殺公子糾是已當以經文爲正

經 丁酉 十年。春。王正月。公敗齊師于長勺。長勺魯地○勺音杓

二月。公侵宋。無傳此經書侵之始也○三月。宋人遷宿。無傳高閔氏云宿介于宋魯之閒屬於宋而親魯宋人以爲貳於魯而遷之自後宿不復見其亦滅亡而已矣○夏六月。齊師宋師次于郎。公敗宋師于乘丘。乘丘魯地在今山東曹縣○秋。九月。荊敗蔡師于莘。以蔡侯獻舞歸。荊州名後改爲

楚辟陋在夷莘蔡地書以歸責其不能死社稷而臣服於楚也不言執不與蠻夷執中國也此經書蠻夷猾夏之始也○冬十月齊師滅譚譚子奔莒譚國今山東奉丘縣有譚城書滅書奔責其不死社稷也猶書爵以其無取滅之罪也此經書滅國之始也

【傳】十年春齊師伐我此明長勺之戰齊實先伐我公將戰曹劌請見其鄉人曰肉食者謀之又何閒焉劌曰肉食者鄙未能遠謀乃入見曹劌魯士肉食謂在位有祿者閒猶與也言不必與其謀也〔劌〕音貴問何以戰公曰衣食所安弗敢專也必以分人對曰小惠未徧民弗從也何以戰以何道使民以與齊戰也所安所以安身也衣食小惠僅及左右故云未徧公曰犧牲玉帛弗敢加也必以信對曰小信未孚神弗福也犧牲祭牲也玉蒼璧黃琮之類帛幣也必以信每事不敢欺神也孚

大信也劌言德不足以孚神而徒以品物爲敬故云小信公曰小大之獄雖不能察必以情對曰忠之屬也可以一戰戰則請從必以情盡己之情以求其實也傳云上思利民忠也故劌謂以情察獄爲忠之一端公與之乘戰于長勺公將鼓之劌曰未可齊人三鼓劌曰可矣齊師敗績公將馳之劌曰未可下視其轍登軾而望之曰可矣遂逐齊師鼓鳴鼓以進也馳驅車以追也下視其轍下車而視齊車之轍跡也登軾而望登車前之横木以望齊師之旌旂也既克公問其故對曰夫戰勇氣也一鼓作氣再而衰三而竭彼竭我盈故克之言戰之道以勇氣爲主一鼓所以振作其氣再鼓則氣漸衰三鼓則氣盡矣齊既三鼓其氣已竭我師初鼓其氣方盛是以勝也夫大國難測也懼有伏焉吾視其轍亂望其

旗靡。故逐之言齊大國難以測度恐其先有伏兵乃披靡是真敗矣是以逐也○愚按劌謂必俟三鼓之後彼竭我盈而後克之此詐戰之術爾若視其轍亂望其旗旆此又是遂奔之法

○夏。六月。齊師宋師次于郎。○李廉氏曰齊之忿魯始于子糾之納宋之忿魯始于莊公之侵而其實則齊桓挾宋以圖霸也

公子偃曰。宋師不整可敗也。宋敗齊必還。請擊之。公弗許。公子偃魯大夫言宋師先敗齊必失勢而還則請遂擊宋師

自雩門竊出。蒙皐比而先犯之。公從之。雩門魯南城門皐比虎皮也公子偃又請自雩門潛師竊出以虎皮蒙馬而先犯宋師比音皮

大敗宋師于乘丘。齊師乃還。卒如公子偃計○劉知幾氏曰齊宋輕用其衆以徑人之國罪也魯師誠能不用詐謀推忠信奉詞令齊宋去矣其所以弭患止亂安國便民不益堅且久耶偷得一時之捷而忘長久之慮小人釁於勇齎於禍之咎

○蔡哀侯娶

于陳。息侯亦娶焉。息嬀將歸。過蔡。蔡侯曰吾姨也。止而見之弗賓。（歸歸寧也妻之姊妹曰姨弗賓不禮敬也）息侯聞之怒。使謂楚文王曰伐我吾求救于蔡而伐之。楚子從之。（設計使楚以兵伐息吾因求救于蔡以致其師而相與共伐蔡）秋九月。楚敗蔡師于莘。以蔡侯獻舞歸。（史記云楚文王虜蔡侯以歸歸留九月死于楚）○齊侯之出也。過譚。譚不禮焉。及其入也。諸侯皆賀。譚又不至。（出謂爲公子而奔莒之時入謂九年入於齊也）冬。齊師滅譚。譚無禮也。譚子奔莒。同盟故也。（杜預氏云傳言譚不能及遠所以亡）

春秋左傳註評測義卷之五　終

春秋左傳註評測義卷之六

明吳興後學淩稚隆輯著

莊公二

經 戊戌 十有一年春王正月。無傳 ○夏五月。戊寅。公敗宋師于鄑。鄑魯地在今山東昌邑縣境鄑音茲 ○秋宋大水。○冬王姬歸于齊。○王葆氏曰主襄公之昏其罪大故書之詳主桓公之昏其罪小故書之畧

傳 十一年夏宋爲乘丘之役故。侵我。公禦之。宋師未陳而薄之。敗諸鄑。宋以十年敗于乘丘故侵我時宋師尚未成列而我師迎與之戰故敗爲乘並去聲陳音陣 凡師敵未陳。曰敗某師。皆陳。曰戰。大崩曰敗績。得儁。曰克。覆而敗之。曰取某師。京師敗。曰王

師敗績于某。乘敵未陳設變詐以敗之者書曰敗某師彼此皆陳成敗決於志力者書曰戰師徒撓敗若沮岸崩山喪其功績書曰敗績戰勝其師獲得其軍内之俊儁者書曰克威力兼備若羅網所掩覆而盡禽之者書曰取某師王師本無敵於天下然春秋之時天子微弱諸侯强大或有時而敗則書曰王師敗績于某此春秋書師例也 〇秋。宋大水。公使弔焉。曰。天作淫雨。害於粢盛。若之何不弔。黍稷爲粢在器爲盛言宋國雨多而傷穀害及祭祀之粢盛不爲天所愍弔也對曰。孤實不敬。天降之災。又以爲君憂。拜命之辱。拜君命之辱貺也臧文仲曰。宋其興乎。禹湯罪己。其興也悖焉。桀紂罪人。其亡也忽焉。且列國有凶。稱孤。禮也。言懼而名禮。其庶乎。既而聞之。曰。公子御說之辭也。臧孫達曰。是宜爲君。有恤民之心。臧文仲魯大夫悖勃然興盛貌忽速貌禮諸侯自稱曰寡人其在凶服曰適子孤言懼謂罪已名禮謂稱孤庶庶幾於興也御說莊公子即桓公違即文仲文仲初疑爲閔公之辭既而聞之是御說代宋公答使者也故於明年御說爲君之後而贊之曰是宜得爲宋君以其引咎自責有憂恤其民之心也悖一作勃御音禦說音悅○張洽氏曰比歲交兵怨不廢禮蓋古意之猶存而未泯者也○**冬齊侯來逆共姬**。共姬即王姬齊桓公夫人共音恭○附錄**乘丘之役公以金僕姑射南宮長萬公右歂孫生搏之宋人請之宋公靳之曰始吾敬子今子魯囚也吾弗敬子矣病之**。敗宋乘丘在前年金僕姑矢名南宮長萬宋大夫右戎右也搏擒也戲而相愧曰靳萬不以爲戲而以其言辱已爲病杜預氏云爲明年宋萬弒君傳歂市專反○王葆氏曰古者賢君待其臣出入起居罔有不欽則戲謔之談意外之變何由至哉閔公反此所以及禍也

〔經〕己亥十有二年春王三月。紀叔姬歸于酅。無傳莊公四年紀侯去國至是紀已卒叔姬以宗廟在酅乃歸奉其祀春秋繫之紀而以初嫁爲文賢之也○夏四月。○秋八月甲午宋萬弒其君捷及其大夫仇牧。宋萬卽南宮長萬捷閔公也萬恨閔公之靳已故弒之此與桓二年宋督弒其君書法同○冬十月。宋萬出奔陳。

〔傳〕十二年秋宋萬弒閔公于蒙澤遇仇牧于門批而殺之遇大宰督于東宮之西又殺之立子游羣公子奔蕭公子御說奔亳南宮牛猛獲帥師圍亳蒙澤今河南歸德府境有蒙城以手擊之曰批督卽華父督蕭今爲南直隸蕭縣亳今河南歸州有亳城皆宋地胡傳謂督亦歿于閔公之難削而不書者身有罪也子游宋公子牛長萬之子猛獲其黨也〔大〕音泰○冬

十月蕭叔大心及戴武宣穆莊之族以曹師伐之殺南宮牛于師殺子游于宋立桓公猛獲奔衛南宮萬奔陳以乘車輦其母一日而至叔蕭大夫名大心其字也戴武宣穆莊之族宋五公之子孫桓公即御說南宮萬即宋萬駕人曰輦宋去陳二百六十里一日至陳見萬之多力也

宋人請猛獲于衛衛人欲勿與石祁子曰不可天下之惡一也惡於宋而保於我保之何補得一夫而失一國與惡而弃好非謀也衛人歸之石祁子衛大夫失一國謂失宋國之心非失衛也宋衛本同好國故云弃好

亦請南宮萬于陳以賂陳人使婦人飲之酒而以犀革裹之比及宋手足皆見宋人皆醢之萬多力故飲以酒而以生牛皮裹之比及至宋皮爲萬蹴踏破碎手足皆見益見萬

之多力也醢肉醬幷醢猛獲故言皆[見]音現[醢]音海
○劉知幾氏曰左氏之敘曲而言人事也則有以犀
革裹之比及宋手足皆見之類斯言近而旨遠辭誠
而義深雖發語已殫而含意未盡使夫讀者望表而
知裏捫毛
而辯骨

[經]庚子周僖王元年十有三年宋桓公元年春齊侯宋人陳人蔡
人邾人會于北杏北杏齊地序齊於諸侯之上而獨書爵將予齊以霸也○夏
六月齊人滅遂遂國今爲山東定陶縣○秋七月○冬公會齊
侯盟于柯柯齊地今爲山東東阿縣[柯]音歌

[傳]十三年春會于北杏以平宋亂遂人不至時宋萬已弑宋
新立君其位未定齊桓欲脩霸業爲會以安定之○
愚按當時天下諸侯皆不知有王矣齊桓獨以尊周
爲名首創大義欲使王法復明於天下雖信義未孚
所會止于四國然春秋之世以諸侯而主天下會盟

之政者權輿于此蓋是 ○夏齊人滅而戍之戍守也 ○家鉉翁氏曰遂人不會固爲有罪然未至于可滅也霸者假公義以濟私欲春秋連書二滅以著齊桓之罪功過不相掩也 ○冬盟于柯始及齊平也高閌氏云公不及北杏之會桓公既滅遂懼其見討故盟于此公羊傳云莊公將會乎桓莊公升壇曹子手劒而從之管子進曰君何求乎曹子曰城壞壓竟君不圖與管子曰然則君將何求曹子曰願請汶陽之田管子顧曰君許諾桓公曰諾曹子請盟桓公下與之盟已盟曹子摽劒而去之要盟可犯而桓公不欺曹子可讎而桓公不怨桓公之信著乎天下自柯之盟始焉 ○附錄宋人背北杏之會背音佩 ○姜寶氏曰宋大國上公見齊桓一旦欲專征在其上雖受其定位之惠而心尚不服背北杏之會意蓋如此

【經】辛丑 十有四年春齊人陳人曹人伐宋以宋背北杏之會故也

○夏單伯會伐宋杜預氏云單伯周大夫既伐宋單伯乃至故云會伐宋此經書諸侯

用王師之始也（單音善）○愚按說者謂杜氏見周有單子遂誤稱單伯亦爲周大夫其實魯大夫也未詳

○秋七月荆入蔡○冬單伯會齊侯宋公衛侯鄭伯于鄄。鄄衛地今山東濮州有鄄亭此經書諸侯會王臣之始（鄄音絹）

傳　十四年春諸侯伐宋齊請師于周。齊欲假王命以示大順故請師于周　夏單伯會之取成于宋而還○

附錄　鄭厲公自櫟侵鄭及大陵獲傅瑕傅瑕曰苟舍我吾請納君與之盟而赦之六月甲子傅瑕殺鄭子及其二子而納厲公。厲公以桓十五年入櫟至此乃自櫟侵鄭大陵鄭地傅瑕鄭大夫鄭子子卽子儀也　初內蛇與外蛇鬬於鄭南門中內蛇死六年而厲公入公聞之問於申繻曰猶有妖乎對曰人之所忌其氣燄以取之妖由人興也。人無釁焉。妖不自作。人弃常則妖興。故有妖。蛇北方水物水數六故六年而厲公入公魯莊公申繻魯大夫燄未盛而進退之時尚書洛誥無若火始燄燄而厥攸灼始微而終盛之意也葢厲公據櫟而有復國之勢實由子儀不自强正使厲公有此氣燄故申繻云然子儀既不能强又不能弱失其常度故云人弃常○孫應鰲氏曰君子道其常是言近之厲公入。遂殺傅瑕。使謂原繁曰。傅瑕貳。周有常刑。既伏其罪矣。納我而無二心者。吾皆許之上大夫之事。吾願與伯父圖之。且寡人出。伯父無裏言。入。又不念寡人。寡人憾焉。原繁鄭大夫貳二心也當時諸侯皆用周法故言周有常刑伯父指原繁亦疑原繁有二心也上大夫卿也裏言納我之言念親附也對曰。先君桓公命我先人典司宗祏。社稷有主。而外其心。其何貳如之苟主社稷國内之民其誰不爲臣臣無二心天之制也子儀在位十四年矣而謀召君者庸非貳乎莊公之子猶有八人若皆以官爵行賂勸貳而可以濟事君其若之何臣聞命矣乃縊而死。桓公鄭始封之君宗祏宗廟中藏主石室言巳世爲宗廟守臣也主謂子儀外其心謂謀納厲公也厲公以事子儀者爲二原繁言子儀既主社稷納亾者乃二也莊公之子子忽子亹子儀皆死獨厲公在設使彼八人者皆如厲公以官爵爲賂而勸二心之臣求納爲君其二心之臣亦皆利其官爵復殺君而納新君以濟其事則公亦未可保也八人記傳無聞祏音石 ○蔡哀侯爲莘故繩息嬀以語楚子。楚子如息以食入享遂滅息以息嬀歸生堵敖及成王焉未言楚子問之對曰吾一婦人而事二夫縱弗能死其又奚言。十年息侯誘蔡敗之于莘繩譽也以食入享者僞設宴享之具因而納兵也未言不與王言以示恨也楚人謂未成君爲敖○孫應敖氏曰既已入敵猶欲報讎所惜只欠一死

楚子以蔡侯滅息、遂伐蔡。秋七月楚入蔡。楚子感息嬀之言因念巳之滅息由蔡侯繩息嬀之故乃遂伐蔡以說息嬀

君子曰。商書所謂惡之易也。如火之燎于原。不可鄉邇。其猶可撲滅者。其如蔡哀侯乎。商書盤庚篇言火燎原野人不可向近既向近其勢豈可復撲滅亦猶蔡侯向近楚國卒自取禍也〔易〕去聲〔鄉〕音向〔撲〕音朴○李廉氏曰蔡邇於楚而常受楚害中國之力有不及焉故自北杏之後齊之盟會蔡不復與矣蔡之始錄于經則會鄧以懼楚終錄于經則遷州來以避楚楚之始見于經曰敗蔡終錄于經曰圖蔡齊晉之伯其極盛則侵蔡以伐楚其極衰則會召陵以救蔡吳操中國之權又以蔡故焉原一蔡之始終而中國消長之形荆楚強弱之變皆可見矣○冬。會于鄄。宋

服故也。諸侯伐宋踰時不解至是宋公始服而爲此會而齊霸於是畧定矣

【經】壬寅十有五年。鄭厲公元年春齊侯宋公陳侯衛侯鄭伯會于鄄。○夏夫人姜氏如齊。無傳文姜齊桓公姊妹文姜不如齊八年矣至是復如齊桓公欲求魯好以定霸業而不之拒也○秋宋人齊人邾人伐郳。是時齊桓猶未成乎霸而以主兵者先之故齊在宋之下郳即小邾宋附庸國在今山東滕縣境〔郳〕音霓○鄭人侵宋。鄭背二鄄之會不誠服齊而反覆於齊楚之間故書侵以惡之○冬十月。

【傳】十五年春復會焉。齊始霸也。齊始定霸爲諸侯長○秋諸侯爲宋伐郳。郳屬宋而叛故齊桓爲宋伐〔爲〕去聲○鄭人閒之而侵宋。閒隙也乘諸侯爲宋伐郳之隙而侵之〔閒〕去聲○汪克寛氏曰侵伐二字必皆當時行師之名故雖夷狄亦書

伐霸者之兵亦書侵其義之是非係乎其事之得失不以此爲褒貶也

經 癸卯 十有六年春王正月○夏宋人齊人衛人伐鄭 齊序宋下與伐鄭同 ○秋荊伐鄭 荊患自蔡及鄭矣 ○冬十有二月會齊侯宋公陳侯衛侯鄭伯許男滑伯滕子同盟于幽 幽宋地但書會不書公或謂爲莊公諱或謂以微者行恐文字脫簡 ○邾子克卒 無傳即邾儀父也

傳 十六年夏諸侯伐鄭宋故也 鄭間諸侯而侵宋故諸侯爲宋討鄭一本鄭下有爲字 ○鄭伯自櫟入緩告于楚秋楚伐鄭及櫟爲不禮故也 櫟入在十四年不禮即緩告也○愚按齊方圖霸楚亦浸强而鄭適當其衝中國得鄭則可以拒楚楚得鄭則可以窺中國以故楚乘諸侯伐鄭之斃而繼伐之以圖得鄭而窺中國而鄭自

此爲齊楚必爭之地矣○附錄鄭伯治與於雍糾之亂者。九月。殺公子閼。刖强鉏。公父定叔出奔衛。三年而復之。曰不可使共叔無後於鄭。使以十月入。曰良月也。就盈數焉。君子謂强鉏不能衛其足。桓十五年鄭祭仲殺雍糾逐厲公今祭仲已死故追治與殺雍糾之亂公子閼强鉏祭仲之黨斷足曰刖公父定叔公叔段之孫數滿十十故云盈不能衛其足言其不能早辟害也閼立遏反刖音月鉏音徂○冬。同盟于幽。鄭成也。齊自北杏以後諸侯之心猶未一也故雖屢會而無盟至是以鄭成之故九合諸侯同心尊周而外楚然猶未敢專主盟之權故曰同盟至僖二年盟于貫齊始爲盟主不復書同矣○附錄王使虢公命曲沃伯以一軍爲晉侯。曲沃武公滅晉盡以其寶器賂周故僖公命武公爲晉侯小國故以一軍○附錄初晉武公伐夷執夷詭諸。蔿國請而免之既而弗報故子國作亂謂晉人曰與我伐夷而取其地遂以晉師伐夷殺夷詭諸周公忌父出奔虢惠公立而復之夷詭諸周大夫夷采地蔿國亦周大夫弗報詭諸不報施於蔿國也子國即蔿國忌父王卿士奔虢避子國之難至周惠王立之年始復其位詭九委反蔿于委反

經甲辰十有七年秦德公元年春齊人執鄭詹執詹稱人責齊之詞也不稱行人非使也○夏齊人殲于遂殲盡也殲子廉反○秋鄭詹自齊逃來無傳書逃以罪詹之苟免書來以罪魯之受逃○冬多麋無傳麋多則害五稼故以災書○愚按五行志謂麋乃牝獸之淫者蓋是時莊公將娶齊之淫女故其象先見如此

傳十七年春齊人執鄭詹鄭不朝也鄭既侵宋又不朝齊詹爲執政請罪齊執之○凌約言氏曰諸侯不服不能修德以來之而執其大夫既又不能明正其罪而逸之

使歸豈非創覇之初人情未協有難以深罪者乎不然桓公管仲爲政而罪人胡以得逃恥於此可見小之服大出於力之不贍而以力服人者有時而窮也 ○夏。遂因氏。頜氏。工婁氏。須遂氏饗齊戍醉而殺之。齊人殲焉。四氏遂之强宗十三年齊滅遂戍之翫而無備盡爲遂人所殺不言遂人殲齊戍而以自殲爲文所以伸遂人之志而著桓公之失也【頜】烏納反

【經】乙巳周惠王元年 十有八年。晉獻公元年 春王三月。日有食之。無傳不書日與朔史官失之 ○夏。公追戎于濟西。濟西濟水之西書追戎謂不覺其來已去而復追之也 ○秋。有蟚。蟚如鼈三足含沙射人水中影中輒病江淮間多有之【蟚】音或 ○愚按孔頴達氏謂蟚多淫蓋亦公取淫女之象 ○冬。十月。

【傳】十八年。附錄 春。虢公。晉侯。朝王。王饗醴。命之宥。皆賜

王五瑴馬三匹非禮也宥助也雙玉爲一瑴王之覲羣后始則行享禮先置醴酒示不忘古飲宴則命之幣物以助其食卽馬王是也瑴音角王命諸侯名位不同禮亦異數不以禮假人上公九命侯伯七命公與侯之各位不同其禮當以命數爲節今侯而與公同賜是以禮假人也故云非禮○附錄虢公晉侯鄭伯使原莊公逆王后于陳陳嬀歸於京師實惠后虢晉朝王鄭伯又以齊執其卿故求王爲援倡義爲王迎后于陳於是陳嬀歸于京師實爲周惠王之后惠后寵愛少子亂周室事在僖二十四年○夏公追戎于濟西不言其來諱之也戎入魯境魯人不知去乃追之故諱言其來○秋有蜮爲災也○附錄初楚武王克權使鬭緡尹之以叛圍而殺之遷權於那處使閻敖尹之及文王卽位與巴人伐申而驚其師巴人

叛楚而伐那處取之遂門于楚閻敖游涌而逸楚子殺之其族爲亂冬巴人因之以伐楚權國今爲湖廣當陽縣闕緡楚大夫以叛緡以權叛楚也那處楚地在今荆門州境閻敖亦楚大夫驚其師驚巴人之師也巴乘勝攻楚城門故云門於楚涌水名敖不能守城游涌水而丞楚故楚子殺之

【經】丙午十有九年秦宣公元年春王正月○夏四月○秋公子結媵陳人之婦于鄄遂及齊侯宋公盟無傳公子結魯大夫媵送也鄄衛地陳人微者結以同姓之故媵女至衛聞齊宋有會去其本職遂與二君爲盟媵音孕○愚按結以媵往事至微也何緣遂與霸主爲盟盟哉公羊傳云大夫出竟有可以安社稷利國家者專之可也啖氏亦謂結爲魯設免難之策爲齊畫講好之計是以春秋善結也若然則齊宋陳何以冬即來伐或又以爲三國伐魯以結不奉君命而專之之故若然則齊桓公何不當其會時叱而絕之而既與之盟矣旋

即背盟而來伐安在其覇主哉愚以爲必有所謂而史失之朱子所謂春秋自有無定當處蓋正指此類耳○夫人姜氏如莒無傳非父母國而往書如且刺公不能防母○冬齊人宋人陳人伐我西鄙無傳鄙邊邑杜預氏云幽之盟魯使微者會鄄之盟又使滕臣行所以受敵

【傳】十九年附錄春楚子禦之大敗于津還鬻拳弗納遂伐黃敗黃師于踖陵還及湫有疾夏六月庚申卒鬻拳葬諸夕室亦自殺也而葬於經皇承上傳巴人伐楚而言楚子禦巴人爲巴人所敗津楚地鬻拳楚大閽弗納楚子欲激其志使別立功黃嬴姓國踖陵黃地湫楚地夕室地名經皇冢前闕也鬻拳自以生時守門故亦葬經皇欲不失其職（鬻）音育（踖）音迹（湫）蕉上初鬻拳強諫楚子楚子弗從臨之以兵懼而從之鬻拳曰

吾懼君以兵罪莫大焉遂自刖也楚人以爲大閽謂之大伯使其後掌之楚子以鬻拳爲賢但既自刖不可復用故以爲大閽而又寵異之謂曰大伯使其子孫常主此官大伯音泰君子曰鬻拳可謂愛君矣諫以自納於刑刑猶不忘納君於善言拳强諫其君自知有罪遂刖其足既自刖足猶不忘納君於善使之伐黄立功故曰愛君杜預氏云言愛君明非臣法也○吕大圭氏曰左氏習于世之所趨而不明乎大義之所在如鬻拳强諫楚子臨之以兵而以爲愛君之類是也○附録

初王姚嬖于莊王生子頽子頽有寵蔿國爲之師王姚莊王之妾姚姓者也其母嬖故子頽有寵及惠王即位取蔿國之圃以爲囿邊伯之宫近於王宫王取之王奪子禽祝跪與詹父田而收膳夫之秩故蔿國邊伯石速詹父子禽祝

跪作亂因蘇氏。惠王莊王孫圃園囿苑也邊伯子禽祝跪詹父皆周大夫膳夫即石速秩祿也蘇氏前桓王奪其十二邑以與鄭者 ○附錄 秋。五大夫奉子頹以伐王。不克出奔溫蘇子奉子頹以奔衛衛師燕師伐周冬立子頹。石速以士故不在五大夫數溫蘇氏邑衛惠公亦抗莊王以入國者與周不和故蘇子奉子頹以奔衛燕南燕燕伯

【經】丁未 二十年。楚堵敖蔡穆侯元年 春王二月夫人姜氏如莒。無傳 ○夏齊大災。無傳天火曰災齊來告魯弔之故也 ○秋七月 ○冬齊人伐戎。無傳齊始治戎

【傳】二十年。附錄 春鄭伯和王室不克執燕仲父夏鄭伯遂以王歸王處于櫟。秋王及鄭伯入于鄔遂入成周

取其寶器而還。鄭厲公與惠王子頹爲和欲使各復其舊不克不能也仲父燕南伯字從衛伐周立子頹者櫟今爲河南鈞州鄔王所取鄭邑寶器傳國之器冬王子頹享五大夫樂及徧舞。鄭伯聞之見虢叔曰寡人聞之哀樂失時殃咎必至今王子頹歌舞不倦樂禍也夫司寇行戮君爲之不舉而況敢樂禍乎奸王之位禍孰大焉臨禍忘憂憂必及之盍納王乎虢公曰寡人之願也。徧舞言黃帝堯舜夏商周六代之樂舞皆周徧也叔虢公字司寇刑官周禮王一舉鼎十有二物皆有俎以樂侑食不舉不舉鼎也（爲）去聲（樂）入聲（奸）音干○愚按王子頹以慶孽而奸王位殃咎固所必至者奚俟夫哀樂失時而知之矣抑徵此將不納王乎

（經）戊申二十有一年春王正月。○夏五月辛酉鄭伯突

卒。○秋。七月。戊戌。夫人姜氏薨。無傳。黃震氏云。文姜之惡極矣。春秋始終以夫人之禮書之。實書其事而善惡自見。○冬。十有二月。葬鄭厲公。無傳。

【傳】二十一年。春。胥命于弭。夏。同伐王城。鄭伯將王自圉門入。虢叔自北門入。殺王子頹及五大夫。胥命言鄭虢相命以納惠王。弭鄭地。圉門周城門。鄭伯享王于闕西辟。樂備。王與之武公之畧自虎牢以東。原伯曰。鄭伯效尤。其亦將有咎。五月。鄭厲公卒。闕象魏也。辟偏也。樂備備六伐之樂也。畧封界也。虎牢今河南汜水縣。鄭武公傳平王。王賜之自虎牢以東。後失其地。故惠王復與之。原伯原莊公也。尤過也。言子頹過用偏樂。而鄭伯效之。亦必有殃咎也。○附錄。王巡虢守。虢公為王宮于玤。王與之酒泉。鄭伯之享王也。王以后之鞶鑑予之。虢公請器。王予之爵。鄭伯由是始惡于王。巡虢守巡行虢國所守之地也玤虢地酒泉周邑后王后鞶鑑鞶帶而以鑑為飾此古之遺服然非所以賜有功爵飲酒器爵重於鞶鑑杜預氏云為僖二十四年鄭執王使張本[玤]蒲項反[惡]去聲○時遜氏曰茲役也鄭伯功大于虢而王待虢有加寧毋徵亂乎冬王歸自虢。

[經]己酉二十有二年。鄭文公元年春王正月肆大眚。無傳肆放眚過也放縱大過猶今赦書大罪悉皆原免也春秋特書肆大眚於文姜薨葬之間善莊公之能補過也[眚]所景反○癸丑葬我小君文姜。無傳○陳人殺其公子御寇。御寇宣公大子國亂無政衆人擅殺而不出于其君故稱人未誓天子故不稱世子○夏五月。書時之首月而四訛為五也○秋七月丙申。及齊高傒盟于防。無傳莊公受制于母必使待昏齊女年長猶不得娶母既歿急于娶故於喪中與齊大夫盟而求昏不書公諱

與大夫盟也○愚按莊公忘殺父之讎求昏齊女故春秋盟于防納幣遇穀盟扈觀社逆女丹楹刻桷大夫宗婦覿用幣一一書之不厭其復者以皆為夫人而設示譏也

○冬公如齊納幣

無傳納幣大夫之事也公急于求娶而齊之許未堅故公自如齊納幣非禮也

【傳】二十二年春陳人殺其大子御寇陳公子完與顓孫奔齊顓孫自齊來奔經書公子傳稱大子以實言也宣公欲立嬖姬子款故殺大子御寇公子完顓孫皆御寇之黨

齊侯使敬仲為卿辭曰羈旅之臣幸若獲宥及於寬政赦其不閑於教訓而免於罪戾弛於負擔君之惠也所獲多矣敢辱高位以速官謗請以死告詩云翹翹車乘招我以弓豈不欲往畏我友朋敬仲公子完字羈寄旅客閑習弛離也言寄食客寓之臣幸蒙宥免得及于齊國寬大之政赦

其不閑習于教訓而免於出奔之罪矣譬如負擔而得息肩於此皆君之惠也敢不敢也當官不能其職則謗讟繁興故云官謗詩逸詩也翹翹遠貌車乘以命車來迎也古者聘士人以弓故云招我以弓言命車自遠而來以禮招我我心豈不欲往但畏士論之譏誚不當往爾〔羈〕居宜反〔擔〕丁暫反使爲工

正飲桓公酒樂公曰以火繼之辭曰臣卜其晝未卜其夜不敢君子曰酒以成禮不繼以淫義也以君成禮弗納於淫仁也工正掌百工之官桓公就敬仲之家飲酒相得而樂不恐輒散故欲繼之以燭臣之享君禮當卜日重其事也淫流湎也言敬仲飲酒成禮不敢夜飲而繼之以淫是得事君之義使其君飲酒成禮不敢夜飲而納君於淫是得愛君之仁〔樂〕音洛初懿氏卜妻敬

仲其妻占之曰吉是謂鳳皇于飛和鳴鏘鏘有嬀之後將育于姜五世其昌並于正卿八世之後莫之與

京。懿氏陳大夫龜曰卜其妻懿氏之妻也雄曰鳳雌曰皇雌雄俱飛相和而鳴聲鏘鏘然如敬仲相隨適齊而有聲譽也嬀陳姓姜齊姓言敬仲將長養於齊國也昌熾也敬仲在齊五世後始昌盛其位與正卿並也京大也敬仲在齊八世後其位高大莫之與比也此皆所占之辭(妻)去聲

陳厲公蔡出也故蔡人殺五父而立之生敬仲其少也周史有以周易見陳侯者陳侯使筮之遇觀䷓之否䷋曰是謂觀國之光利用賓于王此其代陳有國乎不在此其在異國非此其身在其子孫光遠而自他有耀者也。蔡出蔡女之所出也五父陳佗也殺陳佗在桓六年周史周大史著曰筮厲公使占敬仲之吉凶坤下巽上觀坤下乾上否益觀六四爻變而爲否也易言觀之六四近九五之君故得觀其國家之光華其占爲利於爲王朝之賓也此二句觀六四之爻辭此下乃周史釋卦辭之義以爲陳爲舜後作

賓于周家今敬仲得此卦將代陳得國而爲諸侯也他𤰈國也耀光燄也言所謂觀國之光者其光悠遠自他處相射而有耀者也遇觀觀音貫否音比

坤土也。巽風也。乾天也。風爲天於土上。山也。有山之材而照之以天光。於是乎居土上。故曰觀國之光。利用賓于王。庭實旅百。奉之以玉帛。天地之美具焉。故曰利用賓于王。猶有觀焉。故曰其在後乎。風行而著於土。故曰其在𤰈國乎。若在𤰈國。必姜姓也。姜大嶽之後也。山嶽則配天。物莫能兩大。陳衰此其昌乎巽變爲乾故云風爲天乾上坤下故云於土上正卦三四五爻爲艮變卦二三四爻亦爲艮互體故云山也山則材之所生故云有山之材巽變爲乾故云照之以天光山之材天之光皆居坤之上故云居土上四爲諸侯變而之乾此有國朝王之象故能觀國之光利用賓于王艮爲門庭庭實庭之所實也旅陳也百百品也乾爲金玉坤爲布帛具備也言王庭中實陳有百品奉之玉帛是乾天坤地之美具備故云利用賓于王觀觀感也言觀感而化非旦夕所能故云其在後行猶變動也著附麗也言巽風變乾附麗於坤土則不在本國故云其在異國齊姜姓大岳之後山岳大則興雲降雨有配天之功故知若在他處必姜姓之國凡天下之物無能兩大者今敬仲之大與陳國並故知陳國必衰敬仲之子孫必昌周史所占之辭止此著直畧反姜大大音泰○陸粲氏曰卜筮易之末也聖人用之以導惑教愚亦陳其吉凶之大端而擬議取舍則存乎人矣其他怪迂語持瞽史賤人所爲抑好事者覩其成敗而追合之云爾左氏所稱述者尤衆衰世之習尚固然耶韓簡子曰先君之敗德及可數乎史蘇是占弗從何益子服椒曰忠信之事則可蓋春秋之士惟二子知易哉

及陳之初亾也。陳桓子始大於齊。其後亾也。成子得政。

其後昭公八年楚滅陳而敬仲五世孫陳桓子名無宇者始大於齊應五世其昌之兆哀公十七年楚復滅陳而敬仲八世孫

陳成子名恒恒者弒簡公而專齊政應莫與之京之兆恒之曾孫田和遷齊康公於海上而篡其國所謂陳衰此其昌者其此應也○杜預氏曰卜筮者聖人所以定猶豫決疑似因生義教者也尚書洪範通龜筮以同卿士之數南蒯卜亂而遇元吉惠伯答以忠信則可臧會卜僭遂獲其應丘明故舉諸繇驗於行事者以示來世而君子志其善者遠者他皆倣此

春秋左傳註評測義卷之六 終

春秋左傳註評測義卷之七

明吳興後學凌稚隆輯著

莊公三

【經】庚戌二十有三年。楚成王元年春公至自齊。無傳○祭叔來聘。無傳不言使天子之內臣不正其私交也○夏公如齊觀社。齊俗每因祭社則蒐軍實以威衆故公往觀之觀者無事之辭譏之也書觀社與觀魚同○愚按墨子云燕之社齊之社稷宋之桑林男女之所聚而觀之也故公羊氏謂觀社爲觀齊女也得之○公至自齊。無傳○荊人來聘。無傳前此稱州以狄之今以其能修朝覲禮故稱人以進之此經書楚交中國之始也○公及齊侯遇于穀。無傳莊公急於得偶數相會盟故簡禮而爲此會穀齊地蕭叔朝公。無傳蕭國今南直隸蕭縣朝朝穀故不言來朝○秋丹桓宮楹。楹柱也言以丹采飾桓公之廟柱也○冬十有一月曹伯射姑卒無傳○十有二月甲寅公會齊侯盟于扈無傳扈鄭地遇穀以請而齊猶難之故盟以要其信而後許也扈音戶

【傳】二十三年夏公如齊觀社非禮也非交隣禮曹劌諫曰不可夫禮所以整民也故會以訓上下之則制財用之節朝以正班爵之義帥長幼之序征伐以討其不然諸侯有王王有巡守以大習之非是君不舉矣君舉必書書而不法後嗣何觀言會同之禮所以教訓在下事上之法制而又定其貢賦之多少朝覲之禮所以正班爵尊卑之等義而其班爵同者乃以年齒長幼爲序征伐之禮所以討其不會不朝者也諸侯朝于天子曰述職有王事也天子適于諸侯曰巡守省四方也大習謂大習

朝會之禮舉舉動也言人君舉動史官必書於策所書舉動而不合于先王之法則子孫無所觀瞻而取法也○附録

晉桓莊之族偪獻公患之士蔿曰去富子則羣公子可謀也已公曰爾試其事士蔿與羣公子謀譖富子而去之桓莊之族謂桓叔莊伯子孫逼迫也其彊盛偪迫公室也士蔿晉大夫富子二族之最富彊者士蔿詐爲羣公子謀以富子終爲羣公子害因誣譖以罪羣公子不悟而去之杜預氏云用其所親則似信離其骨肉則黨弱羣公子所以終於見戕○秋丹桓宮之楹

〔經〕辛亥二十有四年曹僖公元年春王三月刻桓宮桷刻鏤桷椽也〔桷〕音角○葬曹莊公無傳○夏公如齊逆女無傳穀梁云親迎常事也不志此其志何也不正其親迎於齊也○秋公至自齊無傳○八月丁丑夫人姜氏入姜氏齊襄公之女不書夫人至而變文書入入者不順之詞以宗廟爲弗受也

○戊寅。大夫宗婦覿用幣。宗婦同姓大夫之婦覿見也書用不宜用者也○大水。無傳○冬。戎侵曹。無傳曹羈出奔陳。無傳羈世子繫於曹與鄭忽同明其正也赤歸于曹。無傳赤曹僖公也赤不繫國庶孽也爲戎所納故曰歸○郭公無傳蓋經闕誤也○鄭樵氏曰春秋疑則闕之如郭公之闕其人之類

【傳】二十四年春。刻其桷。皆非禮也。將逆夫人故爲盛飾誇示之并去年册楹事故言皆非禮也御孫諫曰。臣聞之。儉德之共也。侈惡之大也。先君有共德。而君納諸大惡。無乃不可乎。御孫魯大夫先君謂桓公共音恭○秋。哀姜至。公使宗婦覿用幣。非禮也。哀謚也禮小君至大夫郊迎明日執贄以見於廟婦見於內莊公欲夸示夫人使大夫宗婦同贄俱見非覿夫人之禮也御孫曰。男贄。大者玉帛。小者禽鳥。以章物也。

女贄。不過榛栗棗脩。以告虔也。今男女同贄。是無別也。男女之別。國之大節也。而由夫人亂之。無乃不可乎。公侯伯子男執玉諸侯世子附庸孤卿執帛卿執羔大夫執鴈士執雉庶人執鶩羔取其羣而不失其類鴈取其候時而行雉取其守介而不失其節鶩取其不飛遷皆以明其類之貴賤也榛似栗而小脩脯也栗取其戰栗棗取其早起脩取其自脩惟榛無說蓋以榛聲近虔取其虔於事也皆取其名以告虔敬也由夫人亂之言以覿夫人故而亂男女之別也 ○附錄 晉士蔿又與羣公子謀。使殺游氏之二子。士蔿告晉侯曰。可矣。不過二年。君必無患。游氏二子亦桓莊之族最富強者無患言無桓莊之偪也

經壬子 二十有五年。春。陳侯使女叔來聘。女氏叔字陳卿也此經書諸侯交聘之始也(女)音汝 ○夏。五月。癸丑。衞侯朔卒。無傳 ○六月辛

未朔。日有食之。鼓用牲于社鼓伐鼓也○伯姬歸于杞。無傳伯姬莊公女蓋莊公既冠之時割臂盟公如孟任輩所出者也不書逆女逆者微也○秋。大水。鼓用牲于社于門。門國門也○冬。公子友如陳。無傳公子友莊公母弟凡內出朝聘稱如以別外也友之如陳報女叔之聘也此經書內大夫出聘之始亦季氏之始事也

〔傳〕二十五年。春。陳女叔來聘。始結陳好也。嘉之。故不名。○啖助氏曰聘者常事爾有何可嘉穀梁以為天子之命大夫故不名是也○夏六月辛未朔。日有食之。鼓用牲于社。非常也。非常鼓之月鼓之非禮也蓋以長歷推之辛未實七月朔惟正月之朔。慝未作。日有食之。於是乎用幣于社。伐鼓于朝。正月夏之四月周之六月正陽之月也今經書六月而傳曰惟者明非正陽月也慝陰氣也日食於正陽之月是為陽不勝陰則諸侯用幣于社請救于神伐鼓於

朝退而自責今不鼓于朝而鼓社不用幣而用牲又非其時故譏之○秋大水鼓用牲于社于門亦非常也失常禮凡天災有幣無牲非日月之眚不鼓天災日月食大水也有幣無牲言但以幣祈請不用牲畜以祭也眚猶災也杜預氏云月侵日爲眚陰陽逆順之事聖賢所重故特鼓之【眚】所景反○附錄晉士蔿使羣公子盡殺游氏之族乃城聚而處之去年殺游氏二子今年又使盡殺游氏之族聚晉邑冬晉侯圍聚盡殺羣公子盡殺桓莊之子孫卒如士蔿之計○金履祥氏曰晉自曲沃桓叔莊伯奪宗故其子孫亦忌宗族之偪圍聚而殺之桓莊之支無孑遺矣是亦可爲世鑒哉

【經】己丑二十有六年衛懿公元年春公伐戎無傳爲追於濟西之耻報怨也○夏公至自伐戎無傳○曹殺其大夫無傳罪在專殺而見殺者是非

不論也故止書其官而不書姓氏○秋公會宋人齊人伐徐無傳宋序齊上主兵也○冬十有二月癸亥朔日有食之無傳

傳二十六年附錄春晉士蔿爲大司空大司空卿官賞其去桓莊子孫之功也○附錄夏士蔿城絳以深其宮絳晉所都今山西太平縣有晉城深遠也○附錄秋虢人侵晉○冬虢人又侵晉杜預氏云爲明年晉將伐虢張本經傳各自言事或經是直文或策書雖存而簡牘散落不究其本末故傳不復申觧

經甲寅二十有七年春公會杞伯姬于洮洮魯地洮音陶○夏六月公會齊侯宋公陳侯鄭伯同盟于幽○秋公子友如陳葬原仲原氏仲字陳大夫○愚按大夫非君命不越境况以舊故適他國而葬之乎春秋未有書外大夫葬者特書葬原仲以示戒也○冬杞伯姬來○莒慶來

逆叔姬。無傳慶莒大夫叔姬莊公女大夫自逆則稱字○杞伯來朝。無傳杞本公爵降而稱侯又稱伯蓋漸以微弱也○公會齊侯於城濮。無傳城濮衛地將討衛也

傳二十七年春。公會杞伯姬于洮。非事也。非諸侯之事而特會于洮蓋過愛其女而不能節之以禮也天子非展義不巡守。諸侯非民事不舉。卿非君命不越竟。展義宣布德義也舉舉動也守音狩竟音境○夏同盟于幽。陳鄭服也。二十三年陳亂敬仲奔齊二十五年鄭獲成于楚皆有二心于齊今始服故同盟于幽○秋。公子友如陳。葬原仲。非禮也。非大夫不越竟之禮原仲。季友之舊也。季友相魯原仲相陳二人有舊所以季友私往陳國會原仲之葬○冬。杞伯姬來。歸寧也。歸而問父母之寧否也凡諸侯之女歸寧曰來。出曰來歸。夫人歸寧曰如某。出曰歸

于其。出爲人所出也來歸不反其國也○附錄晉侯將伐虢。士蔿曰。不可。虢公驕。若驟得勝於我。必棄其民。無衆而後伐之。欲禦我。誰與。去年秋冬虢人兩侵晉故獻公欲伐之虢屢伐晉而晉不能報是驟得勝也旣驟得勝必易晉而不撫養其民則失其心是無衆也然後從而伐之其誰禦我言不爲之用也(與)音余

夫禮樂慈愛。戰所蓄也。夫民讓事。樂和。愛親。哀喪。而後可用也。虢弗畜也。亟戰將饑。畜養也言以禮樂慈愛教其民所以預養戰勝之具也趨事而能讓之謂禮相和而能樂之謂樂事親而能愛之謂慈臨喪而能哀之謂愛如此而後可用以戰也今虢於禮樂慈愛四者咸無所畜而以數戰爲事則好奪農時將有饑餓之患所謂大軍之後必有凶年是也(畜)音蓄○附錄王使召伯廖賜齊侯命。且請伐衛。以其立子頹也。召伯廖王卿士賜命賜爲伯也衛立子頹在十九年

【經】二十有八年春王三月甲寅（乙卯）齊人伐衛。衛人及齊人戰。衛人敗績。杜預氏云齊侯稱人者諱取賂而還以賂者告也不書地史失之

○夏四月丁未邾子瑣卒。無傳

○秋荊伐鄭。荊者楚也以州舉狄之也

公會齊人宋人救鄭書救善之也○程子曰救鄭制楚之始蓋天下大勢所在

○冬築郿。郿魯邑今山東鄆城縣境

○大無麥禾。大無舉國皆無也麥熟在夏禾熟在秋而冬書大無者計入不足而後書也

臧孫辰告糴于齊。臧孫辰魯大夫臧文仲也○郭登氏曰臧孫不稱使若自行者所以著莊公無意於民也觀其築郿新延廐城諸及防牟連而書其義可見

【傳】二十八年春。齊侯伐衛。戰敗衛師。數之以王命。取賂而還。王命惠王命○愚按去年城濮之會衛獨不至故桓公乘王討立子頹之命而伐之得尊

王之義矣然既敗衛乃取賂而還則桓公興師以圖霸也而規規爲利若此譎亦甚矣尚何以糾合諸侯稱伯主哉而仲尼又何以稱其正也說者謂未可盡信○呂祖謙氏曰管仲在而齊侯不以王命爲重取賂而還則桓公之所爲管仲有不能盡致力者於此事可見矣○附録

晉獻公娶于賈。無子。烝於齊姜。生秦穆夫人及大子申生。又娶二女於戎。大戎狐姬生重耳。小戎子生夷吾。晉伐驪戎。驪戎男女以驪姬。歸生奚齊。其娣生卓子。賈姬姓國齊姜武公妾上淫曰烝大戎唐叔之後姬姓以狐爲氏故曰狐姬狐偃其兄弟也小戎戎之別種子女也驪戎亦姬姓男爵今陝西臨潼縣有驪戎城納女於人曰女蓋驪戎男受伐而納女以求成也重平聲女去聲驪姬嬖。欲立其子。賂外嬖梁五與東關嬖五。使言於公曰。曲沃君之宗也。蒲與二屈君之疆也。不可以無主。宗邑無主。則民不威。疆埸無主。則啓戎心。戎之生心。民慢其政。國之患也。若使大子主曲沃。而重耳夷吾主蒲與屈。則可以威民。而懼戎。且旌君伐。使俱曰。狄之廣莫。於晉爲都。晉之啓土。不亦宜乎。姓梁名五在閨闥外又名五在東關外君之宗先君宗廟所在也蒲今山西蒲縣二屈一今吉州一今石樓縣皆晉邑疆疆埸也言戎生心而窺伺於外民不威而慢政于內此二者晉國之大患也旌章伐功也廣莫謂曠絕卽曲沃與蒲屈也言章君之功伐使人皆曰狄人曠絕之地今皆爲晉都邑則晉辟土地之功莫宜於此杜註謂使俱爲復使二五俱說此誤恐非也

晉侯說之。夏。使大子居曲沃。重耳居蒲城。夷吾居屈。羣公子皆鄙。唯二姬之子在絳。二五卒與驪姬譖羣公子而立奚齊。晉人謂之二五耦。鄙邊邑絳

晉國所都二姬之子奚齊卓子也二五梁五東關五也二五卒與驪姬讒群公子盡太子以下皆出居外故讒譖得行也二五耦者言若二耜相耦而耕懇傷晉室也【說】音悅○楚令尹子元欲蠱文夫人。爲館於其宮側。而振萬焉。子元楚文王弟爲令尹蠱謂惑以淫事文夫人文王夫人息嬀也振動萬舞也夫人聞之。泣曰。先君以是舞也。習戎備也。令尹不尋諸仇讎。而於未亡人之側。不亦異乎。尋用也仇讎謂鄭也婦人旣寡自稱未亡人御人以告子元。子元曰。婦人不忘襲讎。我反忘之。秋。子元以車六百乘伐鄭。入于桔柣之門。子元鬬御彊鬬梧耿之不比爲旆。鬬班王孫游王孫喜殿。衆車入自純門。及逵市。縣門不發。楚言而出。子元曰。鄭有人焉。御人夫人之侍人子元欲悅夫人故伐鄭桔柣鄭郊外門長尋曰旆繼旆曰旆旆爲旆韡旆以居前列也殿拒後也純門鄭外郭門逵市郭內九逵之市縣門即今內城吊橋也鄭示楚閒暇既不閉城門出兵而復效楚之言故子元畏之而不敢進〔桔〕戶結反〔柣〕侍結反〔殿〕顛去〔縣〕音懸

諸侯救鄭。楚師夜遁。鄭人將奔桐丘。諜告曰。楚幕有烏。乃止。（諜閒幕帳也鄭人未知楚遁亦畏楚而將奔會閒者告曰楚幕有烏集其上其師已去矣乃止不奔〔諜〕音牒）〇冬。饑。臧孫辰告糴于齊。禮也。（得恤民救荒之禮經書大無麥禾在築郿之後公羊以爲凶年造邑譏傳則以實言之）〇築郿。非都也。（言郿邑非都城也）凡邑有宗廟先君之主曰都。無曰邑。邑曰築。都曰城。（四縣爲都四井爲邑凡宗廟所在雖邑亦曰都尊之也築邑城書曰築築都城書曰城亦尊之也）

〔經〕（丙辰）二十有九年。春。新延廄。（延廄名新者更造之辭）〇夏。鄭人侵許。○秋有蜚。蜚扶味反○冬十有二月。紀叔姬卒。無傳紀國雖滅叔姬執節守義故史書卒書葬以賢録也○城諸及防。諸今山東諸城縣防皆魯邑

傳二十九年春。新作延廄。書不時也。凡馬日中而出。日中而入。春秋分而晝夜等謂之日中凡馬春分百草始繁則出牧于野秋分百草枯則還入于廄今作延廄不以秋分馬入時爲之而反以春作故曰不時○王葆氏曰禮凶年歲不登馬不食穀馳道不修去冬大無麥禾而今春新延廄廄有肥馬民有饑色可謂不恤民矣○夏鄭人侵許。凡師有鍾鼓曰伐。無曰侵。輕曰襲。伐者鳴鍾擊鼓聲其罪而伐之也侵者寢其鍾鼓潛入其竟而陵之也襲者倍道輕行掩其不備而襲之如風寒之襲人不知其至也○秋有蜚。爲災也。凡物不爲災不書。○冬十二月。城諸及防。書時也。凡土功龍見而畢務。戒事也。火見而

致用。水昏正而栽。日至而畢。角亢龍星也建戌之月角亢晨見東方三時務畢戒民以土功之事心火星也亥月之初心星次角亢之後晨見於東方而致築作之所用謂版幹畚挶凡城之所用皆致之于作所也水營室星也栽樹也謂今十月定星昏而中於是樹板幹而興作也日南至微陽始動故土功息見音現栽音在○附録

樊皮叛王。樊采地皮名周大夫

【經】丁巳三十年。春。王正月。○夏。次于成。無傳成魯地趙氏云魯蓋欲會齊圍鄣至成待命聞鄣已降不復行爾○秋七月。齊人降鄣。無傳鄣紀附庸國今山東東平州有章城不言鄣降于齊而云齊人降鄣蓋齊以兵威脅使降附也○八月癸亥。葬紀叔姬。無傳○九月庚午朔。日有食之。鼓用牲于社無傳○冬。公及齊侯遇于魯濟。濟水歷齊魯界在魯稱魯濟今山東鉅野縣○齊人伐山戎。山戎北狄也今北直隸永平府地逼燕通齊以明年齊侯來獻戎捷觀之

知此稱人者齊侯也桓不務德而勤與遠伐特貶而稱人也

【傳】三十年。附錄春。王命虢公討樊皮。夏。四月。丙辰。虢公入樊。執樊仲皮歸于京師。仲皮即樊皮○楚公子元歸自伐鄭。而處王宮。鬬射師諫。則執而梏之。子元處王宮欲遂蠱文夫人也射師即鬬廉足曰桎手曰梏射音亦梏音谷○秋。申公鬬班殺子元。鬬穀於菟為令尹。自毀其家以紓楚國之難。申楚縣縣尹稱公楚僭號也鬬穀於菟令尹子文也毀減紓緩也楚國之難家強而國弱故子文自減其祿邑之奉以緩楚國之難穀奴走反於音烏菟音徒難去聲○冬。遇于魯濟。謀山戎也。以其病燕故也。燕北燕國今京師齊桓行霸以山戎病燕燕故欲為燕謀山戎之難

【經】戊午三十有一年。秦成公元年春。築臺于郎。無傳是歲三築臺皆書重

譏其奢且非上功之時也 ○夏四月薛伯卒。無傳 ○築臺于薛。無傳薛魯地 ○六月齊侯來獻戎捷捷獲也獻者奉上之辭王祿氏云前年遠事山戎有恃勝危師之道故抑而稱人今以方伯而獻捷於侯國有矜功失節之耻故愧而稱爵 ○秋築臺于秦。無傳秦魯地今山東苑縣有秦亭 ○冬不雨。無傳傳例不日旱不爲災也

【傳】三十一年夏六月。齊侯來獻戎捷。非禮也。不當獻而獻非歸功天子之禮 凡諸侯有四夷之功。則獻于王。王以警于夷。中國則否。諸侯不相遺俘。警戒俱也俘囚馘也言若伐中國諸侯則不獻其捷于王示不忍也同爲諸侯則雖夷狄之俘亦不以相遺以其敵體相與也此明齊侯獻捷非禮【俘】音孚○愚按齊大國且覇王也卽欲自誇其功毋寧不命一使迺廷并屈已以詣魯廷哉李廉氏謂齊侯自伐戎歸道經魯而躬來也事疑有之然亦無據惟郭登氏以爲秦火之後宜多殘缺安知齊侯之下不脫一使字

斯言得之

經己未三十有二年。春。城小穀。杜預氏云小穀齊管仲私邑○吕大圭氏曰春秋因其所書日月前後而知其是非如前年春築臺於郎夏築臺于薛秋築臺于秦今年春城小穀則有以見纔閱三時而大功屢興也若此之類蓋於書時見矣○夏。宋公齊侯遇于梁丘。梁丘今山東金鄉縣境○秋。七月。癸巳。公子牙卒。牙桓公庶子陸淳氏云季子恩義俱立變而得中夫子書其自卒以示無譏○八月。癸亥。公薨于路寢。路寢正寢也○冬。十月。己未。子般卒。子般莊公子未踰年曰卒未成君也子般見弒而書卒諱之也○張洽氏曰春秋自夫人孫齊以來三十年間備載莊公內治之失而終之以此所以辠其爲風敎之本而不免於首禍也○公子慶父如齊。慶父桓公庶子慶父弒君而出不言其奔而書曰如凡其專權恣橫出入自如國人不能制也○秋。伐邢。無傳邢小

國今北直隷邢臺縣北經書狄入伐之始也

[傳]三十二年春城小穀爲管仲也。杜預氏云公感管仲之德故爲管仲城私邑○愚按孫明復云曲阜西有小穀城而杜預氏以小穀爲齊邑爲管仲城之則春秋爲何不繫之齊而迺以內辭稱耶昭十一年傳云齊桓城穀而寘管仲焉蓋齊自有穀非魯之小穀也疑有誤字○

齊侯爲楚伐鄭之故請會于諸侯宋公請先見于齊侯夏遇于梁丘。楚伐鄭在二十八年會諸侯謀爲鄭報楚也杜預氏云齊善宋之請見故進其班[爲]音僞○趙鵬飛氏曰桓公賴宋爲多北杏之會宋人一判則諸侯首鼠齊兵再伐而後得之旣得之則再會于鄄以堅其心又爲之伐鄭以悅其意自非大盟會齊不敢先之所以爲諸侯之倡而就霸功也○附錄

秋七月有神降于莘。莘號地今河南陝州城有莘原有神以聲與人接而降于莘

惠王問諸內史過曰。是何故也。對曰國之將

興明神降之監其德也將亡神又降之觀其惡也故有得神以興亦有以亡虞夏商周皆有之內史過周大夫監察觀視也皆有之言興亡皆有神與也國語內史過云夏之興也祝融降于崇山其亡也回祿信于黔隧商之興也檮杌次于丕山其亡也夷羊在牧周之興也鸑鷟鳴于岐山其衰也杜伯射宣王於鎬是夏商周之所有也國語不言虞未詳王曰若之何對曰以其物享焉其至之日亦其物也王從之享祭也言當問神以何日降若以甲乙日降祭先脾王用蒼服尚青以此類祭之內史過往聞虢請命反曰虢必亡矣虐而聽於神往往祭也請命謂請於神求賜土田之命如下文所云也反祭神而反也民爲神之土虐民而聽命於神必亡之兆也神居莘六月虢公使祝應宗區史嚚享焉神賜之土田史嚚曰虢其亡乎吾聞之國將

與聽於民將亡聽於神神聰明正直而壹者也依人而行號多涼德其何土之能得大祝名應宗人名區大史名嚚聽於民順民之心也聽於神求福於神也聰謂無所不聞明謂無所不見正謂自正於已直謂能正乎人壹謂專一而不二也依人而行言鬼神無私其禍福依人善惡而行也涼薄也言虐民於爭戰多薄德之事土神所賜土田也杜預氏云爲信二十年晉滅下陽傳嚚音銀○初公築臺臨黨氏見孟任從之閟而以夫人言許之割臂盟公生子般焉黨氏魯大夫黨任姓莊公見其女孟任從而欲淫之孟任自秘不與相見莊公以夫人許孟任然後孟任從之割臂以與莊公盟黨音掌般音班雩講于梁氏女公子觀之圉人犖自牆外與之戲子般怒使鞭之公曰不如殺之是不可鞭犖有力焉能投蓋于稷門雩祭天也講肄也謂肄習雩祭之禮也梁

氏魯大夫女公子子般之妹圉人掌養馬者名犖自牆外以褻狎之言與女公子戲蓋覆也稷門魯城南門言犖走而自投投其屋之桷反覆門上有勇力之甚一說能投其車上之蓋於稷門之上傳此爲冬十月圉人犖殺子般張本（犖音落）○愚按莊公旣知犖不可鞭何難於犖而不卽殺之以除後患而必以待子般乎則子般是時八歲爾固宜其及也

公疾。問後於叔牙。對曰。慶父材。問於季友。對曰。臣以死奉般。公曰。鄉者牙曰慶父材。成季使以君命命僖叔待于鍼巫氏。使鍼季酖之。曰。飲此。則有後於魯國。不然。死且無後。飲之。歸及逵泉而卒。立叔孫氏。

叔牙慶父同母弟故曰其兄材欲立之季友莊公同母弟故欲以死立莊公之子般成季卽季友僖叔叔牙謚也鍼巫氏魯大夫酖鳥名其羽有毒以畫酒飲之則死逵泉魯地叔牙不以罪誅故得立公孫玆爲後以世其祿慶父後爲孟孫氏叔牙後爲叔孫氏季友後爲季孫氏（鄉音向）

〔疏〕流去○公羊傳曰莊公病將死以病召季子季子至而受之以國政曰寡人即不起此病吾將焉致乎魯國季子曰般也存君何憂焉公曰庸得若是乎牙謂我曰魯一生一及君已知之矣慶父也存季子曰夫何敢是將爲亂乎夫何敢俄而牙弒械成季子和藥而飲之注父死子繼曰生兄死弟繼曰及○王世貞氏曰季友之置牙後也以厚也其立孟氏何居周公復蔡不復管○孫應鰲氏曰或言叔牙雖殺無補後日閔公之禍恐不然文姜以來胎养亂本至此已成使牙不誅則莊公既薨慶父叔牙強盛雖有季子之忠秉禮之俗亦不能爲故誅牙乃魯之所以存亾慶父成敗所係大義滅親稱君命以殺春秋所以不之貶

○八月癸亥。公薨于路寢。子般即位。次于黨氏。即位即喪主之位次舍也

○冬。十月。己未。共仲使圉人犖賊子般于黨氏。成季奔陳。立閔公。共謚仲字即慶父也賊弒也成季懼禍故奔陳經不書奔史失之閔公莊公庶子年始八歲〔廿八〕音恭

春秋左傳註評測義卷之七　終